LE VIEILLARD DU MONT CAUCASE

LE VIEILLARD
DU MONT CAUCASE
AUX JUIFS
PORTUGAIS, ALLEMANDS ET POLONOIS.

OU

Refutation du Livre intitulé. *Lettres de quelques Juifs Portugais, Allemands & Polonois. in 12. Paris 1776.*

Ouvrage attribué à un ami de l'Auteur de la Henriade, orné du Portrait de Mr. de V***.

ROTTERDAM

M. DCC. LXXVII.

AVANT-PROPOS.

BÉNISSONS la foule innombrable des pamphlets Anglais, dans lesquels une partie de la nation accuse l'autre quatre fois par semaine de trahir la patrie, & qui sont traduits en Français pour amuser les curieux.

Bénissons les sonnets, dont l'Italie fourmille, soit à l'honneur, soit contre l'honneur des dames.

Bénissons les écrits polémiques des Allemands, dans lesquels on ne cesse d'approfondir des sujets agréables de controverse.

Bénissons sur-tout les Français, qui, depuis quelque tems impriment environ cinquante mille volumes par année tant gros que petits, soit pour édifier le prochain, soit pour le scandaliser, soit pour l'injurier, soit pour l'ennuyer.

Mais pourquoi tant bénir cette énorme quantité d'insectes ? c'est leur multitude que je remercie. Je me cache dans leur foule. Leur grand nombre les fait périr en moins de tems qu'ils ne se forment. Je veux vivre deux jours comme eux.

Si ces livres duraient, s'ils ne tombaient tous les uns sur les autres, dans un éternel oubli, ils feraient trop dangereux; on se verrait accusé, vilipendé, condamné, jusqu'à la derniere postérité par quiconque a le loisir & la malignité de faire un livre contre nous. Mais heureusement un ennemi littéraire vous intente un procès par écrit devant le tribunal de l'*univers*, soit dans une brochure, soit dans cinq ou six tomes. Cela est lu par cinq ou six personnes de l'un ou de l'autre parti, le reste de la terre l'ignore. Sans quoi les accusations graves, les injures mal déguisées, sous un air de modération, les calomnies qu'on se permet si souvent dans les disputes, pourraient avoir des suites fâcheuses.

C'est donc devant un très-petit nombre de lecteurs oisifs que je veux plaider la cause d'un homme horriblement accusé & bafoué, & qui n'a pas la force de se défendre : & je la plaide aujourd'hui parce qu'elle sera oubliée demain. Je suis l'ami du prévenu, je suis avocat. Voici le fait.

Un ancien professeur, dit-on, d'un collège de la rue St. Jacques à Paris, écrivit en 1771 une satyre contre un Chrétien sous le nom de trois Juifs de Hollande ; & il en a fait imprimer une autre à Paris en trois volumes assez épais en 1776, sous le nom de trois Juifs de Portugal, demeurant en Hollande auprès d'Utrecht.

Voilà donc un Chrétien obligé de se battre contre six Juifs. Est-ce Antiochus d'un côté, & de l'autre les Macabées ? La partie est d'autant plus inégale, que le savant professeur se sert souvent d'armes sacrées contre lesquelles je n'ai ni ne veux jamais avoir de bouclier.

(4)

Je vais répondre aussi discrétement que je le pourrai aux accusations, auxquelles on peut répondre sans tomber dans le piège que nous a tendu Monsieur le professeur Juif.

Il a la cruauté d'imputer à sa victime, je ne sçais quelles brochures, les unes judaïques, les autres anti-judaïques, dont ce cher ami est très-innocent. (*) Il

---

(*) *N. B.* Vous lui imputez de faire lui-même une édition de ses ouvrages, il n'en a jamais fait aucune, Monsieur, ceux qui ont bien voulu en faire dernièrement, comme MM. Cramer, Conseillers de Genève, & M. le Bourguemestre, M. le premier Pasteur de Lausanne, sans le consulter, savent avec quelle indignité & quelle bêtise on les a contrefaites ; vous avez du goût sans doute, & votre stile le prouve assez. La faction dont vous êtes s'est toujours distinguée par une maniere d'écrire bien supérieure au stile de collège, qui était celui de vos adversaires. Daignez ouvrir le vingt-troisième tome de l'édition de Londres, imitée de celle de Lausanne, vous verrez plus de cinquante pièces de la bibliotèque bleue & des charniers S. Innocents, entassées avec

expose un vieillard bientôt nonagenaire, couché déja, peut-être, dans le lit de mort, à la barbarie de quelques persécuteurs qu'il croit animer par ses délations calomnieuses, & c'est en feignant de le ménager, en lui prodiguant des louanges ironiques, en l'appellant grand homme, qu'il lui porte respectueusement

---

une merveilleuse confiance depuis la page 229. jusqu'à la fin. Un éditeur famélique ramasse toutes ces ordures pour achever un tome qui n'est pas assez épais, & il donne hardiment son édition en trente, en quarante volumes, que des curieux trompés achètent & qui pourrit dans leur bibliothèque. C'est le nom de l'auteur qu'on a acheté, ce n'est pas l'ouvrage. L'imprimeur quel qu'il soit, a la hardiesse de mettre à la tête de chaque volume *Œuvres complettes enrichies de notes, le tout revu & corrigé par l'auteur lui-même.* Il y a une édition sous son nom dans laquelle on a glissé trois tomes entiers qui ne sont pas de lui. Tel est l'abus qui règne dans la librairie & dans presque tous les genres de commerce. Il y a des vaisseaux marchands : il y a des pirates. Le monde ne subsiste que d'abus.

le poignard dans le cœur. Moi qui prends son parti avec autant de candeur qu'il prit le parti de Monsieur l'abbé Bazin son oncle, je conjure ce Juif de ne me point combattre avec ces armes empoisonnées. Je fais une guerre honnête. Entrons en matière.

Je me range d'abord sous l'étendard de St. Jérôme. J'invoque la lettre que ce grand homme écrivit à Dardanus du petit village de Bethléem, où il habita si longtems ; voici comme il parle de la Judée.

LETTRE
DE
SAINT JÉROME.

» JE prie ceux qui prétendent que le
» peuple Juif prit poſſeſſion de ce pays
» après la ſortie d'Egypte, de nous faire
» voir ce que ce peuple en a poſſédé.
» Tout ſon domaine ne s'étendant que
» depuis Dan juſqu'à Berſabé, c'eſt-
» à-dire l'eſpace de 160 milles en longueur
» (environ 53 de nos lieues)..... J'ai
» honte d'exprimer la largeur de cette
» terre de promiſſion; on ne compte que
» quarante ſix milles (environ 17 lieues)
» depuis Joppé juſqu'à Bethléem, après
» quoi on ne trouve plus qu'un affreux
» déſert habité par des nations barbares...
   » Voilà donc, ô Juifs! l'étendue du

» que vous vous vantez de posséder,
» & dont vous faites vanité parmi les
» nations qui ne vous connoissent pas.
» Allez étaler cet orgueil chimérique aux
» ignorants : pour moi qui vous connais
» à fond je ne donne point dans vos
» panneaux, cherchez vos dupes ailleurs.

» Vous me direz peut-être que par la
» terre de promission on doit entendre
» celle dont Moyse fait la description
» dans le livre des Nombres. Il est vrai
» que Dieu vous l'a promise cette terre,
» mais il est faux que vous l'ayez jamais
» possédée........ L'évangile me promet
» la possession du royaume des cieux,
» dont il n'est pas fait la moindre mention
» dans vos écritures.......

» Vous avez commis beaucoup de
» grands crimes, ô Juifs ! & vous êtes
» devenus esclaves de tous vos voisins,
» &c. &c. &c. «

Après ce témoignage, mon ami a pu
se permettre quelques petites libertés sur
le peuple de Dieu, à l'exemple de St.

Jérôme. Mais quand il est allé trop loin, ce qu'il ne faut jamais faire, je l'en ai charitablement averti, & il en a demandé pardon à Mr. Pinto Juif de Bordeaux, fort estimé des chrétiens.

Examinons au plus vite les pièces du procès.

I.

DU CADRAN D'EZECHIAS ET DE L'OMBRE QUI RECULE, ET DE L'ASTRONOMIE JUIVE.

Le secrétaire chrétien des six Juifs accuse mon ami d'avoir dit que les anciens Hébreux, les gens d'au-delà, les passagers (car c'est ce qu'Hébreux signifie) n'étaient pas si savants en astronomie que Mrs. Cassini, le Monier, la Lande, Bailli, le Gentil, &c. Je tiens qu'il a raison. Ce qui m'induit à le croire c'est que je ne vois pas seulement le nom d'heure dans les cinq premiers livres conservés par ce peuple, aucune division du jour n'y eſt jamais marquée. De la Genèſe aux Macabées, il n'eſt parlé d'aucune éclipſe; & vous voyez que depuis quatre mille ans, les Chinois n'ont jamais manqué d'obſerver & de rapporter dans leur hiſtoire toutes les éclipſes qu'ils ont aperçues. Ce n'eſt point d'ailleurs inſulter une nation que de dire qu'elle n'était point autrefois mathématicienne. Il paraît que le roi Ezechias n'en ſavait pas tant que vos Juifs d'Eſpagne qui aidèrent depuis le roi Alphonſe X. à conſtruire ſes fameuſes tables aſtronomiques.

Le prophête Iſaïe veut faire un prodige qui aſſure Ezechias malade de ſa guériſon: il lui demande s'il veut que l'ombre de ſon cadran au ſoleil avance ou recule de dix lignes; le malade répond, il eſt bien aiſé de faire avancer l'ombre, je veux qu'elle recule: le malade ſe trompait; l'un dérangeait autant que l'autre le cours de la nature entière.

Je ſuis perſuadé que dans la ſuite il

y eut de favants Juifs, & fur-tout dans Alexandrie : ils n'auraient pas fait retrograder le Soleil comme Ifaïe ; mais ils l'auraient mieux connu. Il paraît même que vers le tems de la deftruction de Jérufalem : l'hiftorien Flavian Jofeph, & le philofophe Philon, n'étaient pas abfolument étrangers à l'aftronomie. Flavian Jofeph parle du Sare des anciens Caldéens, compofé de 223 mois lunaires, qui fervaient à former la période de fix cent ans.

S'il y a quelque chofe de vrai dans l'hiftoire des fciences & des erreurs, c'eft qu'elles viennent prefque toutes des bords du Gange, & quelque prodigieufe que paraiffe leur antiquité, on ne peut guères leur dire, à beau mentir qui vient de loin. Prefque tous les favants de nos jours conviennent que les Bracmanes furent les inventeurs de l'aftronomie & de la mithologie.

Après ces Indiens viennent les Perfans, les Caldéens, les Arabes, les Atlantides.

Pour les Egyptiens ils semblent être plus récents, parce qu'il fallut des siècles pour dompter le Nil, & pour rendre le meilleur terrain du pays habitable, comme l'a tant dit mon ami, tant honni par vous.

Les Grecs qui parurent les derniers de tant de peuples antiques, les éclipserent tous dans les arts. S'il faut venir aux Juifs, c'était, il faut l'avouer, un chétif peuple Arabe, sans art & sans science, caché dans un petit pays montueux & ignoré, comme Flavian Joseph l'avoue dans sa réponse à Appion. Ce peuple ne posséda une capitale, & n'eut un temple qu'environ dix-sept cent ans après que celui de Tyr avait été bâti; il ne fut connu des Grecs que du tems d'Alexandre, devenu leur dominateur, & ne fut aperçu des Romains que pour être bientôt écrasé par eux dans la foule.

Les Romains créérent roi de Judée un Arabe; fils d'un entrepreneur des vivres; & bientôt après ces pauvres Juifs furent esclaves pour la huitième fois, sur les ruines de leur ville fumante de sang, & vendus au marché, chaque tête au prix de l'animal dont ce déplorable peuple n'osait manger. Je n'accumule pas toutes ces vérités pour offenser la nation Juive, mais pour la plaindre.

L. I.

Si les Juifs écrivirent d'abord sur des Cailloux.

Le secrétaire des six Juifs prétend que leurs pères avaient dans un désert toutes les commodités pour écrire à peu près comme on les a de nos jours. Il reprend vivement mon ami d'avoir cru qu'on gravait alors sur la pierre. Cependant le livre de Josué est le garant de ce que mon ami a avancé ; car il est dit : » Josué brûla la ville de Haï, la réduisit » en cendre, & en fit un monceau de » ruines éternelles, fit pendre le roi ,

» & éleva un autel de pierre au Seigneur
» le Dieu d'Ifraël, fur le mont Hebal;
» il fit cet autel de pierres brutes comme
» il était écrit dans la loi de Moyfe,
» & il y offrit des holocauftes & des
» victimes pacifiques, & il écrivit fur les
» pierres le Deuteronome. (*) *Jofué*
» *Chap. IV.*

(*) Le fecrétaire qui paraît très-inftruit des anciens ufages & des arts de l'antiquité, aurait bien dû nous inftruire comment on écrivait fur des cailloux non taillés, & comment cette écriture n'était pas effacée par le fang des victimes qui coulait continuellement fur cet autel de pierres brutes. Cette recherche eût été plus néceffaire, que l'affreufe malignité d'imputer à mon ami, je ne fçais quelles brochures, où il eft dit que Thot a compofé des livres en caractères alphabétiques, écrits fur autre chofe que fur des tables de pierre & de bois, il y a environ cinq mille ans.

III.

DE GENS MASSACRÉS POUR AVOIR GRASSEYÉ EN PARLANT.

Je suis obligé de vous suivre, & de passer avec vous d'un article de maçonerie à un objet de morale. Il s'agit de quarante deux mille de vos frères, les Juifs de la tribu d'Ephraïm qui furent tous égorgés par leurs frères des autres tribus, à un des gués de la petite rivière Jourdain. On leur criait, prononcez Shibolet, épi de bled. Ces malheureux qui grasseyaient & qui ne pouvaient dire Shibolet, disaient Siboleth, & on les égorgea comme des moutons.... Quelle erreur y a-t-il donc Monsieur ? Quelle mauvaise intention ? Quelle faute à dire qu'ils furent massacrés pour avoir grasseyé ? L'horreur, l'abomination n'est-elle pas que des frères aient massacré tant de frères pour quelque cause que ce puisse être.

I V.

Du Veau d'or.

Voici une affaire à peu près auſſi maſſacrante & plus ſcientifique. Mon ami qui reſpecte les théologiens & qui ne l'eſt point, a ſoutenu d'après pluſieurs pères de l'Egliſe & d'après la ſimple raiſon, que tout fut miracle dans la maniere dont Dieu conduiſit ſon peuple dans le déſert & l'en tira; que toutes les voies de Dieu furent autant de miracles; que la fonte & la fabrication du veau d'or en 24 heures, cet or jetté dans le feu & réduit en poudre, & avalé par tout le peuple, les vingt-trois mille hommes qui ſe laiſſent choiſir & égorger ſans ſe défendre, &c. ſont d'auſſi grands prodiges que tous ceux dont le Pentateuque eſt rempli. Sur quoi mon ami a proferé cette exclamation qui me ſemble ſi religieuſe & ſi convenable, *l'hiſtoire d'un peuple conduit par Dieu même, ne peut être que l'hiſtoire des prodiges.*

Commençons par vous prouver, Mr. qu'en fuivant exactement l'énoncé de la fainte écriture, le veau d'or fut jetté en fonte en 24 heures, quoique la Horde Juive n'eût point d'heures encore, & foit qu'on fe ferve du terme d'un jour ou d'une nuit pour exprimer le tems dans lequel ce Veau fut fabriqué.

Et Moyfe entrant au milieu de la nuée monta fur la montagne & y demeura quarante nuits : Exod. Chap. 14. *& le Seigneur ayant achevé tous ces difcours fur la montagne de Sinaï donna à Moyfe fon témoignage & fa loi en deux tables de pierre, écrites du doigt de Dieu :* Chap. 16.

Il paraît, Monfieur, que voilà les quarante jours accomplis, & il eft clair auffi, permettez-moi de le dire, qu'on écrivait dans ce défert fur la pierre.

Mais le peuple voyant que Moyfe différait à defcendre de la montagne s'affembla devers Aaron, & lui dit : fais-nous des Dieux qui marchent devant nous, car nous ne favons ce qui eft arrivé à cet homme, Moyfe, qui nous a fait sortir de la terre d'Egypte; & Aaron leur répondit, ôtez les parures oreillères de vos femmes, fils & filles; & apportez-les moi; & le peuple fit comme Aaron avait commandé, & apporta les parures oreillères, & Aaron les ayant reçues leur fit un Veau avec le burin; Veau d'ouvrage de fonte; & ils dirent voilà tes Dieux, ô Israël! qui t'ont tiré de la terre d'Egypte. Ce qu'Aaron ayant vu, il dressa un autel devant le Veau, & il cria par la voix d'un Crieur : c'est demain la fête du Seigneur Veau.

Il me semble, Monsieur, qu'il n'y a que vingt-quatre heures entre la demande du Veau d'or & sa fête. Les quarante jours pendant lesquels Moyse & Josué restèrent avec Dieu sur la montagne sont passés; la loi est entre ses mains, & pendant qu'il est prêt à descendre, le peuple demande à adorer des Dieux qui marchent : Aaron imagine un Veau d'or : on le jette en fonte : on l'adore; on n'a pas perdu du tems.

Il est très-vrai que Mr. Pigal demande six mois pour fondre un Veau d'or, & même sans le réparer au ciseau & à la lime, encore moins au burin ; car un tel ouvrage ne se fait pas avec le burin. Tout cela est très-long, & prodigieusement difficile ; pardonnez donc à mon ami, d'avoir regardé cette avanture comme un prodige que Dieu permettait ; car, aparemment, vous conviendrez que rien n'est ici dans le cours des choses naturelles.

V.

DE LA MANIÈRE DE FONDRE UNE STATUE D'OR.

Vous croyez, Monsieur, que dans les déserts d'Oreb & de Sinaï, il y avait des moyens plus expéditifs de fondre une statue de métal, que ceux dont se servent nos sculpteurs. J'ose vous répondre qu'il n'y en a point : il faut absolument un moule, tellement préparé, arrêté, affermi, entouré qu'il ne se casse ni ne se démente en aucun endroit pendant l'opération : il faut que l'or se répande autour de lui exactement, sans fêlure, sans inégalité ; c'est ce qui est très-long & très-difficile.

Vous dites que vous avez trouvé à Paris, dans la rue Guérin-Boisseau, un sculpteur qui vous a offert de vous faire le Veau d'or en huit jours. Si vous avez fait marché dans la rue Guérin-Boisseau, vous ne deviez donc pas dater vos lettres d'un village près d'Utrecht, où l'on dit que les Janséniftes se sont refugiés.

Mais dans quelque pays que vous fassiez vos miracles, je retiens place. Vous me direz avec La Fontaine :

Voyez-vous point mon Veau ? Dites-le moi.

VI.

Magnificence des Juifs, qui manquaient de tout dans le désert.

Vous nous assurez que dans le désert affreux d'Oreb, les garçons Juifs & les filles Juives, qui manquoient de vêtemens & de pain, avaient assez d'or à leurs oreilles pour en composer un Veau; vous faites le compte des richesses que ce peuple avait volées en Egypte, vous aviez trouvé ci-devant environ neuf millions; nous ne comptons pas après vous, Monsieur, & nous vous en croyons sur votre parole, sans prétendre disputer sur cet article. Vous savez que quand les Arabes volent, ils disent, Dieu me l'a donné. La troupe de Cartouche disait, Dieu merci je l'ai gagné.

VII.

Tout est miraculeux.

Et lorsque Moyſe fut arrivé près du camp, il vit le Veau & les danſes, & dans ſa grande colère il jetta les tables de la loi, qu'il portait dans ſa main, & les briſa au pied de la montagne, & ſaiſiſſant ce Veau qu'ils avaient fait : il le brûla & le réduiſit en pouſſière, laquelle il répandit dans l'eau & en donna à boire aux enfants d'Iſraël.

C'eſt ici, Monſieur, que je ſuis plus que jamais de l'opinion religieuſe de mon ami, qui dit que tout doit être miraculeux dans l'hiſtoire du peuple de Dieu, ou plutôt de Dieu même, parce qu'un Dieu ne peut parler & agir que miraculeuſement. C'eſt donc un très-grand prodige, qu'un Veau d'or jetté dans le feu s'y ſoit converti en poudre. On vous l'a déja dit & on vous le repète ; il n'y a point de fourneau quelque violent qu'il puiſſe être, fût-ce la fournaife de Sidrac, Mifak & Abdenago ? Fût-ce un des feux allumés autrefois par l'Inquifition ? Fût-ce le feu qui confuma le corps du refpectable Confeiller de Grand'Chambre, Anne Dubourg, & la Maréchale d'Ancre, & les cinquante Chevaliers du Temple, & tant d'autres ; il n'y a point de feu, vous dis-je, qui puiffe réduire l'or en poudre ; ce métal fi prodigieufement ductile, fe fond, fe liquéfie. Mais que dans le défert effroyable d'Oreb, où il n'y a jamais eu d'arbres, on ait trouvé une affez énorme quantité de bois pour fondre un gros Veau, un Bœuf d'or, & pour le pulvérifer ; cela eft impoffible à l'induftrie humaine. Je dis gros Veau, je dis gros Bœuf ; parce qu'il eft écrit que Moyfe l'apperçut en s'approchant du camp, parce que dans ce camp compofé de deux cent trente mille combattans, il y avait entre deux & trois millions de Juifs & de Juives ; parce que fi Moyfe, n'étant pas dans le camp, put voir tout d'un coup cet animal, il fallait qu'il fût bien gros, & au moins de la taille du Bœuf Apis, dont il était la brillante image.

VIII.

DE L'OR POTABLE.

Pour accabler mon ami vous changez le procès criminel que vous lui faites en un autre procès. Vous parlez d'or potable. On ne vous a jamais nié qu'on pût avaler de l'or, du plomb, de l'antimoine. Que ne peut-on pas avaler ? Mon ami avale les injures cruelles que vous lui dites avec des complimens, les calomnies dont vous le chargez, les accusations odieuses que vous intentez, & qui dans d'autres tems pourraient avoir le cruel effet de faire excommunier un honnête homme. Tandis que vous faites avaler ces pilules si amères, préparées d'une main qui n'est ni tout-à-fait Judaïque, ni tout-à-fait Catholique, pourquoi nous invitez-vous à vous parler d'or potable ?

Si

Si c'est votre veau cuit sous la braise, & pulvérisé par cette braise, la chose est impossible, comme toute la terre en convient.

Si vous voulez parler de l'or potable des charlatans ; c'est une question très-étrangère. L'or est indestructible ; l'eau qu'on appelle régale, parce qu'on a donné à l'or le nom de roi des métaux, le dissout si imparfaitement, qu'elle ne peut lui ôter la plus légère partie de sa substance ; on lui rend, avec de l'eau forte, toutes ces parties que l'eau régale avait séparées. Ces deux eaux sont les poisons les plus violents, & vous ne prétendez pas, Monsieur, que Moyse ait fait boire de cette eau aux Israëlites pour empoisonner tout le peuple de Dieu.

Vous dites que Sthal, Chrétien & Chimiste a fait de l'or potable, & vous citez ses opuscules (sans dire quel opuscule) dans lesquels il dit que *le sel de tartre mêlé au soufre dissout l'or au point de le réduire en poudre qu'on peut avaler*

Je sçais bien que le foye de soufre mêlé avec l'eau régale lui ôte la propriété d'être or fulminant, propriété terrible plus dangereuse que celle de la poudre à canon. Nous regardons le soufre comme l'ennemi de l'or. Je n'ai jamais vu d'or réduit en poudre que par la lime. Je regarde toutes les dissolutions d'or comme des poisons mortels, sans en excepter l'or potable de Mademoiselle Grimaldi : je ne vous parle point des gouttes du général La Mothe ; je ne connais point cette composition, mais je ne vous conseille pas, Monsieur, d'avaler de l'or du Chrétien Sthal, réduit en poudre par le moyen du sel de tartre & du foye de soufre, premièrement, parce que je suis très-sûr que ces deux seuls ingrédiens ne peuvent pulvériser l'or, & que si Sthal a dit cela, il a dit une insigne fausseté : secondement, parce que je suis encore très sûr que vous seriez en danger de mort, si vous preniez de la dissolution d'or faite par les procédés ordinaires, &

que je ne veux pas vous tuer, quoique vous ayez voulu tuer mon ami.

Hélas ! Monsieur, vous avez parlé sans le savoir, à un homme qui n'est que trop au fait des préparations de l'or, j'ai chez moi plus d'un Artiste qui ne travaille qu'à cela : il m'en coute assez pour que je sois en droit de dire mon avis.

IX.

DE VINGT-TROIS MILLE JUIFS ÉGORGÉS PAR LEURS FRÈRES.

Vous faites un crime à mon ami d'avoir plaint vingt-trois mille Juifs massacrés par les Lévites, leurs frères, sans se défendre. Ah ! Monsieur, si vous êtes Juif, ayez quelque compassion pour vos frères, si vous êtes Chrétien ayez en pour vos pères. Mon ami a eu le bonheur d'inspirer l'esprit d'indulgence à bien des gens qui avaient à se reprocher des sévérités impitoyables. N'a-t-il pu parvenir à vous rendre humain ?

(28)

Et Moyſe voyant le peuple nud, car Aaron l'avait dépouillé à cauſe de ſon ignominie (*) [du Veau d'or], *& l'avait expoſé au milieu de ſes ennemis ; Moyſe ſe met à la porte du camp, & dit, qui eſt au Seigneur ſe joigne à moi ; & tous ceux de la race de Lévi ſe joignirent à lui, & il leur dit : que chacun mette ſon épée ſur ſa cuiſſe; allez & revenez d'une porte à l'autre à travers du camp : que chacun tue ſon frère, ſon ami & ſes proches. Les enfans de Lévi firent ce que Moyſe ordonnait, & il y eut en ce jour* vingt-trois-mille *hommes de maſſacrés.*

Quoi, Monſieur, voilà (par le texte) Moyſe lui-même, qui à l'âge de quatre-vingt ans paſſés ſe met à la tête d'une troupe de meurtriers, *qu'on ſe joigne à*

_____

(*) Pluſieurs perſonnes ſenſibles ont été ſurpriſes qu'Aaron lui-même livrât les coupables, car il paraiſſait le plus criminel ; le peuple avait demandé des Dieux qui marchaſſent, & Aaron imagina le Bœuf.

moi, & qui avec eux égorge de ses mains vingt-trois mille de ses compagnons. Chacun tue son frère, son ami, son parent! C'est mon ami, à moi, mon innocent ami, que vous accusez d'être l'ennemi des Juifs; c'est lui qui pleure sur les infortunés qu'on égorge; & c'est vous qui vous réjouissez de ce massacre!

Il faut de la sévérité, dites-vous, *quand les prévaricateurs sont nombreux*. Ah! Monsieur, ce n'est pas à vous de le dire. Je ne veux pas vous demander si vous auriez trouvé bon que l'on égorgeât vingt-trois mille convulsionnaires. Je ne veux pas vous outrager, comme vous avez insulté mon ami. Quoi! vous auriez donc applaudi à la St. Barthelemi; car enfin les soixante & dix mille citoyens qu'on égorgea en France étaient des rebelles à votre religion dominante, ils étaient plus coupables que vos Israëlites, car ils péchaient contre les loix connues; & les Israëlites furent moins coupables, quand ils s'impatientèrent de ne point recevoir des loix qu'on leur fefait attendre depuis quarante jours! O homme, qui que vous foyez, apprenez à pardonner.

Pour moi, Monfieur, quand même vous auriez été convulfionnaire, ce que je ne crois pas, je ne pourais vous vouloir de mal. Quand même vous auriez écrit des lettres de cachet fous le frère le Tellier, encore aurais-je pour vous de l'indulgence; encore ferais-je votre frère fi vous daigniez être le mien.

X.

DE VINGT-QUATRE MILLE AUTRES JUIFS, ÉGORGÉS PAR LEURS FRÈRES.

Mais, pardonnez encore une fois à mon malheureux ami, fi après avoir plaint vingt-trois mille pauvres Juifs mis en pièces fans fe défendre, par les propres mains de l'octogénaire ou nonagénaire Moyfe, & par fes Lévites; il a de plus ofé étendre fa pitié fur vingt-quatre mille autres defcendants de Jacob, affaflinés environ quarante ans après, & toujours par leurs frères.

Vous croyez, ou faites semblant de croire que ces vingt-quatre mille Juifs moururent de la peste en un jour : je le souhaite. Dieu est le maître de choisir le genre de mort dont il veut que les hommes périssent. Mais voici le texte dans toute sa pureté.

Et l'Eternel dit à Moyse : Saisis tous les princes du peuple & pends-les tous à des potences à la face du soleil, &c..... Et on en tua ce jour-là vingt-quatre mille. Nombres, Chap. 25.

Pourquoi défigurez-vous entièrement ce passage ? Ce sont les princes du peuple que Moyse fait d'abord pendre ; & vous traduisez que *Moyse les assembla avec lui pour faire pendre les coupables !* Vous pouvez savoir cependant que Zamri, qui fut assassiné le premier, était un prince du peuple : *dux de cognatione*, chef de tribu, & que sa femme, ou sa maîtresse Cosbi, était fille du roi ou prince de

B 4

Madian : *Cosbi, filiam ducis Madian.* Pourquoi dites-vous que ce prince & cette princesse moururent d'une épidémie, d'une peste qui emporta vingt-quatre mille hommes en un jour ! *Occisi sunt,* on les tua, signifie-t-il la peste ?

N'est-il pas vraisemblable que ces princes du peuple, tués par l'ordre exprès de Moyse, étaient à la tête d'un grand parti contre lui, & qu'ils voulaient déposséder un vieillard qu'on nous peint âgé de cent vingt ans dont ils étaient lassés & jaloux, un vieillard dur & mal avisé (selon eux) qui pendant vingt années avait fait errer plus de deux millions d'hommes dans des déserts épouvantables, sans pain, sans habits, sans pouvoir seulement entrer dans cette terre promise, malheureux objet de tant de courses ? L'auteur du Livre des Nombres, quel qu'il soit, ne dit pas cela, je ne le dis pas non plus ; mais je soupçonne qu'on peut le soupçonner.

Voici ce qui me fait croire qu'on

peut me pardonner mon foupçon : je ne recherche point quel eft l'auteur du livre des Nombres ; je mets à part l'opinion du grand Newton, & celle du favant le Clerc, & celle de tant d'autres. Je ne veux point deviner dans quel efprit on écrivit ce *Bemiddebar*, ce livre des Nombres. Je me tiens à la Vulgate reçue & confacrée dans notre Sainte Eglife, & je n'ofe même la citer que fur les difficultés qui regardent l'hiftoire. Je me donne bien de garde de toucher au théologique. Je fens bien que cela ne m'appartient pas.

L'hiftorique me dit donc que le prince Juif, nommé Zamri couchait dans fa tente avec fa femme ou fa maîtreffe, la princeffe, nommée Cosbi, fille du grand prince Madianite, nommé Sur, lorfque Phinée, petit fils d'Aaron, & petit neveu de Moyfe, commença le maffacre par entrer fubitement dans la tente de ces princes, que l'auteur appelle *Bordel. Lupanar* ; & cet arrière neveu de Moyfe est assez vigoureux & assez adroit pour les percer tous deux d'un seul coup dans les parties de la génération, parties qui étaient sacrées chez tous les peuples de ces cantons, & sur lesquelles même on fesait les serments. Or cet assassinat sacrilège, commis par le plus proche parent de Moyse, ne nous induit-il pas à croire qu'il s'agissait de le venger d'une cabale des princes d'Israël & des princes de Madian, soulevée contre le législateur ? C'est ce que je laisse à juger par tout homme éclairé & impartial.

X I.

Remarque sur le Prince Zamri et sur la Princesse Cosbi, massacrés en se caressant.

A peine ce jeune prince & cette jeune princesse sont si singulièrement assassinés, *nubendi tempore in ipso*, que les Satellites de Phinée coururent assassiner vingt-quatre mille hommes du peuple, sans compter les princes : *Occiſi ſunt*, qu'en dites-vous ? Je ne ſçais pas ce que mon ami en a dit : il me mande que vous le citez à faux, je n'ai point vu en effet dans ſes ouvrages le paſſage que vous lui imputez. Laiſſez-moi juſtifier mon ami, & pleurer ſur ce pauvre prince & ſur cette pauvre princeſſe maſſacrés en feſant l'amour. Si vous ne les avez jamais pleurés, je vous plains. Un de vos plaiſants de Paris m'exhorte à me conſoler en me diſant que tout cela n'eſt peut-être pas vrai : ce plaiſant me fait frémir.

XII.

QUEL SCRIBE ÉCRIVIT CES CHOSES.

Ce mauvais plaiſant, Monſieur, m'empêche de diſcuter avec vous, quel Scribe a écrit le premier vos volumes Juifs, dans quel tems ils ont été écrits, s'ils ont tous été dictés par le Saint-Eſprit, ſi jamais il ne s'eſt trouvé de

Juif qui ait écrit fans être infpiré, comme ont fait probablement, Flavian Jofeph, & Philon, & Onkelos, & Jonathan, & les auteurs du Talmud, & mon ami Ephraïm, Juif d'un grand roi, plus brave que votre David, & plus éclairé que votre Salomon.

Dieu me garde, Monfieur, de marcher avec vous fur ces charbons ardents, cachés fous des cendres trompeufes. C'eft à vous d'examiner quelle raifon avait le grand Newton pour décider que le Pentateuque fût compofé par Samuel, tandis que plufieurs autres favants le croient redigé tel qu'il eft par Efdras : pour moi je n'ofe entrer dans cette querelle ; il y a des chofes qu'on dit hardiment en Angleterre, & qu'il ferait dangereux, peut être, de dire à Paris; on peut y jouer avec un prodigieux fuccès, toutes les pièces du divin Shakefpear, mais on ne peut y profeffer toutes les découvertes de Newton.

C'eft par la même circonfpection que

je ne vous parlerai ni du magistrat Colins, ni du maître-ès-arts Wolston, ni du Lord Schaftersbury, ni du Lord Bolingbroke, ni du célebre Gordon, ni de ce fameux membre du Parlement Trenchard, ni du doyen Swift, ni de tant d'autres grands génies Anglais : *quid de cumque viro & cui dicas sæpe caveto*.

J'ajoute : *caveto in Galliâ & in Hispaniâ plus quam in Italiâ*. Il est vrai qu'actuellement toutes ces disputes théologales ne font plus aucun effet ni en Angleterre, ni en Hollande, ni en aucun pays du Nord : on est assez sage pour les méprifer ; un homme qui voudrait aujourd'hui expliquer certaines choses contradictoires ne ferait que ridicule.

X I I I.

QUI A FAIT LA COUR À DES BOUCS ET À DES CHÈVRES ?

Passons vite aux singularités historiques dont il est permis de parler. Vous êtes fâché contre mon ami de ce qu'il paſſé ſelon vous pour avoir dit que vos grands pères feſaient autrefois l'amour à des Chèvres, & vos grands-mères à des Boucs dans les déſerts de Pharan, de Sin, d'Oreb, de Cades Barné, où l'on était fort déſœuvré : la choſe eſt très-vraiſemblable, puiſque cette galanterie eſt expreſſément défendue dans vos livres. On ne s'aviſe guères d'infliger la peine de mort pour une faute dans laquelle perſonne ne tombe. Mais ſi ces fantaiſies ont été communes il y a plus de trois mille ans chez quelques-uns de vos ancêtres, il n'en peut réjaillir aucun opprobre ſur leurs deſcendans. Vous ſavez qu'on ne punit point les enfans pour les ſottiſes des pères, paſſé la quatrième génération. De plus vous ne deſcendez point de ces mariages hétéroclites. Et quand vous en deſcendriez, perſonne ne devrait vous le reprocher.

    On ne ſe choiſit point ſon père.
    Par un reproche populaire
    Le ſage n'eſt point abattu.

Songez que sous l'empire florissant d'Auguste, qui fit régner les loix & les mœurs, à ce que dit Horace, les Chèvres ne furent pas absolument méprisées dans les campagnes : les Boucs en étaient jaloux. Souvenez-vous du *Novimus & qui te* de Virgile ; les Nymphes en rirent, dit-il, & si vous m'en croyez, vous en rirez aussi, au-lieu de vous fâcher, comme Mr. Larcher du collège Mazarin s'est fâché contre le neveu de l'abbé Bazin, qui n'y entendait pas finesse.

Le Maréchal de la Feuillade écrivit un jour au prince de Monaco, *Lasciamo queste porcherie horrende. Non ho maï fatto il peccato di bestialità che non vostra altezza.*

XIV.

DES SORCIERS.

Je ne sçais jamais si c'est au Juif, ou au secrétaire de la rue St. Jacques, ou au savant d'un village près d'Utrecht, à qui j'ai l'honneur de parler. Quoiqu'il en foit c'eſt toujours en général à Iſraël que mes réponſes doivent être adreſſées.

Iſraël prétend qu'on s'eſt contredit quand on a parlé du Sabat des Sorciers. Il n'y a point de Démonografe qui n'ait aſſuré que les Sorciers qui allaient au Sabat par les airs ſur un manche à balet pour adorer le Bouc, avaient reçu cette méthode des Juifs & que le mot Sabat en feſait foi.

Vous dites que ceux qui ſont de cette opinion, ſe contrediſent en ce qu'ils conviennent que les Juifs avant la tranſmigration ne connaiſſaient pas encore les noms des anges & des diables, & même n'admettaient point de diables ; par conſéquent ils ne pouvaient ſe donner au diable, comme ont fait les Sorcieres & baiſer le diable au derrière ſous la figure du Bouc.

Mais auſſi, Meſſieurs, ce n'eſt que depuis votre diſperſion que vous avez été accuſés d'enſeigner la ſorcellerie aux vieilles. Ce ſont les anciens Juifs du tems de Nabucodonofor, du tems de Cirus ; les anciens Juifs du tems de Titus, du tems d'Adrien : & non les anciens du tems de la fuite d'Egypte, qui coururent chez les nations vendre des filtres pour se faire aimer, des paroles pour chasser les mauvais génies, des onguents pour aller au Sabat en dormant ; & cent autres sciences de cette espece.

Vous savez combien de livres de magie vos peres ont attribué à Salomon. Votre historien Flavian Joseph en cite quelques uns dans son livre huitième : & il ajoute qu'il a vu lui-même opérer des guérisons miraculeuses avec ces recettes. Je puis vous assurer, Messieurs, & tout ce qui m'entoure sçait que plus d'un Seigneur Espagnol, m'a écrit, & fait écrire pour céder la clavicule de Salomon, qu'on leur avait dit être en ma possession. Il y a de vieilles erreurs qui durent bien long-tems. Le genre humain a obligation à ceux qui les détrompent.

Au reste, si quelques pauvres femmes

Juives ont eu la bètife de fe croire Sorcieres, & fi autrefois il s'en trouva qui eurent la faibleffe d'imiter Phillire & Pafiphaé & de prodiguer leurs charmes à ceux qui font appellés *les Velus* dans le Lévitique; que vous importe ? Cela ne doit pas plus vous intéreffer que les Sorcières des bords du Rhin qui voulurent immoler les Ambaffadeurs de Céfar, n'intéreffent aujourd'hui les très-aimables Princeffes qui font l'honneur de ce pays.

XIV.

Silence respectueux.

Vous exigez, Monfieur, que je vous dife pourquoi Dieu a donné plus de préceptes à Abraham qu'à Noé, & que je vous développe fi Dieu ne peut pas donner de nouvelles loix fuivant les tems & les befoins. Je vous réponds que je ne fuis ni affez fort ni affez hardi pour avoir un sentiment sur une question si épineuse. Je crois que Dieu peut tout, & mon ami ne vous fera pas d'autre réponse.

 Je pense que vous ne me répondriez pas davantage si je vous demandais pourquoi non-seulement le nom de Noé, mais le nom de tous ses ancêtres ont été ignorés de la terre entière jusqu'à nos pères de l'Eglise ? Pourquoi n'y a-t-il pas un seul auteur parmi les Gentils qui ait jamais parlé d'Adam, le père du genre humain & de Noé, son restaurateur ? Comment se peut-il faire que dans une si nombreuse famille il ne se soit pas trouvé un seul enfant qui se soit souvenu de son grand-père, excepté vous ? Pourquoi la Cosmogonie de Sanconiaton qui écrivait dans votre voisinage avant Moyse est-elle absolument différente de celle de ce grand homme ? Vous savez tout ce qu'on peut dire. Parlez, Monsieur, car pour moi je ne dirai mot.

XVI.

Animaux immondes.

Nous ne ferons pas d'accord, Messieurs les Juifs sur la notion du droit divin. Nous appellons droit divin tout ce que Dieu a ordonné ; ainsi nos bénéficiers ont dit que leurs dixmes sont de droit divin , parce que Dieu même vous avait ordonné de payer la dixme à vos Lévites. Nous appellons les devoirs communs de la société , le droit naturel.

Où avez-vous pris qu'il y ait *un ton railleur* à dire. Dieu défendit qu'on se nourrit de poissons sans écailles , de porcs , de lièvres , de hérissons , de hiboux ? Comment avez-vous trouvé un *ton* dans des paroles écrites ? Où est la raillerie ? Hélas ! vous voulez railler ; vous parlez de Zaïre & d'Olimpie quand il est question des griffons & des ixious , animaux inconnus dans nos climats, dont il vous fut ordonné de vous abstenir dans le votre. Vous reprochez à mon ami d'avoir dit que *les griffons & les ixions Juifs doivent être mis au rang des monstres & que ce sont des serpens aîlés avec des ailes d'aigles.* Il n'a jamis dit cela, Monsieur, & il est incapable d'avoir écrit qu'on est aîlé avec des ailes.

Je ne regarde pas votre méprise comme une de ces calomnies cruelles que vous avez eu le malheur de copier dans votre livre. Vous avez vu apparemment cette phrase dans une des mille & une brochures qu'on a faites contre mon ami; & vous la répétez au hazard. Je vous jure, Monsieur qu'elle n'est pas de lui.

XVII.

DES COCHONS.

Qui que vous soyez, ou Juif ou Chrétien, ou Amalécite, ou Récabite, ou habitant d'Utrecht ou docteur de la rue St. Jacques, vous êtes un savant homme, vous avez beaucoup lu, vous faites ufage de vos lectures; il y aurait plaifir à s'inftruire avec vous : nous ferions gloire d'être vos écoliers, mon ami & moi, fi vous aviez un peu plus d'indulgence.

Vous parlez très-bien de la bonne chère des Juifs. Il eft vraifemblable que le petit falé aurait été mal fain dans les déferts de la baffe Sirie & de l'Arabie pétrée. Vous nous auriez encor donné de nouvelles inftructions fi vous nous aviez apris pourquoi les Egyptiens, fi antérieurs à la loi Juive ne mangeaient point de cochon. Vous nous rendriez un nouveau fervice fi vous nous difiez comment les Juifs qui font tout le commerce de la Veftphalie, pays affez froid où l'on ne fe nourrit que de porc, n'ont pu obtenir quelque difpenfe de leurs Rabins.

Ne vous eft-il pas arrivé la même chofe qu'à nos Minimes? Le bon Martorillo Saint François de Paule, leur ordonna de manger tout à l'huile en

alabre : où l'huile eſt la nourriture des
 auvres, ils ſuivent par humilité cette
 loi en Allemagne où l'huile eſt un mets
 echerché, & où un tonneau d'huile
 oûte plus de quatre tonneaux de vin.
 ous nous auriez prouvé qu'il faut que
tout moine obéiſſe à ſon fondateur. C'eſt
ainſi que les Muſulmans à qui Mahomet
défendît le vin dans les climats brûlants
de l'Arabie n'en boivent point dans le
climat froid de la Crimée.

A l'égard du lièvre dont il ne vous eſt
 as permis de manger parce qu'il rumine
& qu'il n'a pas le pied diviſé, quoiqu'en
effet il ait le pied très-diviſé & qu'il ne
rumine point ; ce n'eſt qu'une petite
mépriſe. Monſieur le Paſteur du Bourg-
ieu a dit que ce n'eſt pas là où gît le
lièvre. Si ce n'eſt pas Bourg-Dieu qui l'a
dit ; c'eſt un autre.

XVIII.

Peuples dispersés.

Vous dites dans le même endroit que les Juifs font restés les seuls des anciens peuples &c. & qu'ils triomphent des siècles. Mais les Arabes beaucoup plus anciens qu'eux subsistent en corps de peuple & habitent encor un vaste pays qu'ils ont toujours habité. Les Egyptiens font en Egypte sous le nom de Cophtes, & n'ont oublié que leur langue. Les Bracmanes subjugués par ceux qu'on a pelle Maures ont conservé leurs loix, leurs rites, & même la langue de leurs premiers pères ; les Parsis, dispersés comme les Juifs, & autrefois dominateurs des Juifs, sont aussi attachés qu'eux à leurs usages antiques, & esperent toujours comme eux une révolution. Les Chinois tout subjugués qu'ils sont par les Tartares ont soumis leurs vainqueurs à leurs usages antiques, & esperent toujours

jours comme eux une révolution. Les Chinois tout subjugués qu'ils sont par les Tartares ont soumis leurs vainqueurs à leurs loix. On ne peut plus dire aujourd'hui *Græcia capta ferum victorum cepit*; comme Horace le disait à Auguste : mais enfin il y a plus de cent mille Grecs dans la seule ville de Stamboul; Athènes, Lacédémone, Corinthe & l'Archipel sont encore peuplés de Grecs; & pour parler des petites nations, les Arméniens asservis font le commerce comme les Juifs dans toute l'Asie & ne s'allient communément qu'entr'eux, ainsi que les Cophtes, les Brames, les Banians, les Parsis & les Juifs. Tous les peuples qui existent triomphent des siècles.

XIX.

Ordres de tuer.

Dans votre lettre troisième, monsieur, où vous faites un magnifique éloge de

C

l'intolérance, vous avez oublié de citer le fameux passage du Deutéronome. *S'il se lève parmi vous un profète, qui ait vu & qui ait prédit un signe & un prodige, & si ses prédictions sont accomplies, & s'il vous dit : allons, suivons des dieux étrangers, &c..... que ce profète.... soit massacré..... si votre frère fils de votre mère, ou votre fils, ou votre fille, ou votre femme qui est entre vos bras, ou votre ami que vous chérissez comme votre ame, vous dit : allons, servons des dieux étrangers ignorés de vous & de vos parens, égorgez-le sur le champ, frappez le premier coup & que le peuple frappe après vous.*

Vous avez frémi, Monsieur, si vous êtes chrétien, vous avez tremblé que vos Juifs dont vous vous êtes fait secrétaire, n'abusassent contre les chrétiens de ce passage terrible. En effet le fameux rabin Isaac du 15e siecle l'employa dans son *rempart de la foi* pour tâcher de disculper ses compatriotes du déicide dont ils eurent le malheur d'être coupables. Ce rabin prétend que la loi mosaïque est éternelle, immuable, (lisez son chapitre vingtième) & de-là il conclut que ses ancêtres se conduisirent dans leur déïcide comme leur loi l'ordonnait expressément. Mais enfin puisque vous n'avez pas parlé de cet effrayant passage, je n'en parlerai pas. Je me féliciterai avec vous d'être né sous la loi de grace, qui ne veut pas qu'on plonge le couteau dans le cœur de son ami, de son fils, de sa fille, de son frère, de sa femme chérie, & qui au contraire donne l'exemple de porter sur ses épaules la brebis égarée. Etes-vous brebis, Monsieur ? je suis prêt à vous porter. Mais si je suis brebis égarée, portez-moi ; pourvu que ce ne soit pas à la boucherie.

X X.

Tolérance.

Vous donnez ce grand précepte à mon ami. *Sortez enfin du cercle étroit des objets qui vous entourent & ne jugez pas toujours de notre gouvernement par le vôtre.* Ah ! Monsieur, qui jamais avait mis vos leçons en pratique plus hautement que celui à qui vous les donnez ! on lui en a fait si souvent un crime ! on lui a tant reproché d'envisager toujours le genre humain plus que sa patrie !

Et dans quelle vue parlez-vous à cet homme, qui à l'exemple du grand Fénelon a embrassé tous les hommes dans son esprit de tolérance, dans son zèle & dans son amour ? dans quelle vue, dis-je, lui ordonnez-vous de sortir du cercle étroit où vous le supposez renfermé ? quel est votre objet ? c'est de lui prouver que l'intolérance est une vertu nécessaire & divine.

Et pour lui prouver ce dogme infernal que sans doute vous n'avez point dans le cœur, & qu'un inquisiteur n'oserait avouer aujourd'hui ; vous lui dites que l'intolérance régnait chez les peuples les plus anciens & les plus vantés. Selon vous Abraham fut persécuté chez les Caldéens, ce que l'écriture ne dit pas ; & ce qui serait une étrange raison pour persécuter chez nous. Selon vous Zoroastre persécuta des nations, le feu & le fer dans les mains ; vous entendez apparemment le dernier des Zoroastres, qui au lieu d'être persécuteur, fut tant persécuté, tant calomnié chez Darius. Vous louez les Ephésiens d'avoir opprimé Héraclite leur compatriote qu'ils n'opprimèrent jamais. Vous regardez la guerre des amphictions comme une guerre de religion, comme une guerre pour des arguments de l'école ; & vous la révérez sous cet aspect, & vous la croyez sacrée. Ce n'était pourtant qu'une guerre très-ordinaire pour des champs usurpés ; elle fut appellée sacrée parce que ces champs étaient du territoire d'Apollon.

Vous cherchez dans les républiques de la Grèce des exemples de la légéreté, de la superstition, & de l'emportement de ces peuples ; vous en rassemblez quatre ou cinq dans l'espace de trois cent années pour démontrer que la Grèce était intolérante & qu'il faut l'être. On démontrerait de même qu'il faut faire la guerre civile par l'exemple de la Fronde, de la Ligue, de la fureur des Armagnacs & des Bourguignons.

L'exemple de Socrate est encore plus mal choisi. Il fut la victime de la faction d'Anitus & de Mélitus comme Arnaud fut la victime des Jésuites. Mais à peine les Athéniens eurent-ils commis ce crime, qu'ils en sentirent l'horreur. Ils punirent Anitus & Mélitus, ils élevèrent un temple à Socrate. On ne doit jamais rappeller le crime des Athéniens contre Socrate sans rappeller leur repentir.

Vous imputez bien fauſſement l'intolérance aux Romains. Vous citez contre mon ami ces paroles qui ſont dans ſon traité de la tolérance, *deos peregrinos ne colunto* : qu'on ne rende point de culte à des dieux étrangers. C'eſt le commencement d'une ancienne loi des douze tables; il ne rapportait que la partie de ce fragment dont il avait beſoin alors, & même il ſe ſervit du mot *peregrinos* qui eſt l'équivalent d'*advenas*. Sa mémoire le trompa; je vous l'avoue comme il me l'a avoué : voici l'énoncé de la loi telle que Cicéron nous l'a conſervée. *Separatim nemo abeſſit deos neve novos ; ſed ne advenas niſi publicè adſcitos privatim colunto.* Que perſonne n'ait des dieux en particulier, ni des dieux nouveaux à moins qu'ils ne ſoient publiquement admis.

Or les dieux étrangers furent preſque tous naturaliſés à Rome par le Sénat. Tantôt Iſis eut des Temples, tantôt elle fut chaſſée quand ſes prêtres eurent ſcandaliſé le peuple romain par leurs débauches & par leurs friponneries; elle fut encore rappellée. Tous les cultes furent tolérés dans Rome.

Dignus Roma locus quò deus omnis eat.
Fastes d'Ovide.

Les Romains permirent que les Juifs reçus pour leur argent dans la capitale du monde, célébrassent la fête d'Hérode. *Herodis venere dies*, & cela même pendant que Vespasien préparait la ruine de Jerusalem. Mon ami a fait voir que les armées romaines commençoient toujours par adorer les dieux des villes qu'ils assiégeaient, & qu'il y avait une communauté de dieux chez tous les peuples policés de l'Europe. Il n'y eût que le dieu des Juifs que les Romains ne saluerent pas, parce que les Juifs ne saluaient pas ceux de Rome.

Comment avez-vous pu dire, monsieur, que les Romains étaient intolérants? eux qui donnerent tant de vogue, tant d'éclat à la secte d'Epicure & aux vers de Lucrece, eux qui firent chanter sur le théatre en présence de vingt mille hommes.

Post mortem nihil est ipsaque mors nihil.
Rien n'est après la mort, la mort même n'est rien.
Queris quò jaceant post obitum loco?
Quà non nata jacent.
Où serons-nous après la mort ?
Où nous étions avant de naître.

Vous dites qu'il y eut des tems où quelques empereurs persécuterent les philosophes, les amateurs de la sagesse. Non, monsieur, il n'y eut jamais de décrets portés contre la philosophie. Cette horrible extravagance ne tomba jamais dans la tête d'aucun romain. Vous avez pris pour des philosophes de misérables charlatans discurs de bonne & mauvaise avanture, des *Zingari* qui s'intitulaient *Caldéens*, *mathématiciens*; nous avons dans le code la loi *de mathematicis ex urbe expellendis*. C'étaient des profetes de sédition qui prédisaient la mort des Empereurs ; c'étaient des sorciers qui paſſaient chez quelques méchans & quelques ignorans pour donner cette mort par les ſecrets de l'art. Notre France fut infectée de ces gens-là du tems de Charles IX. & de Henri III. Les philoſophes étaient Montagne, Charon, le Chancelier de l'Hôpital, le préſident de Thou, le conſeiller Dubourg. Les philoſophes de nos jours ſont des hommes d'état éloignés également de la ſuperſtition & du fanatiſme, des citoïens illuſtres profondément inſtruits, cultivant les ſciences dans une retraite occupée & paiſible, des magiſtrats d'une probité inaltérable, ſi ſupérieurs à leurs emplois qu'ils ſavent les quitter avec autant de ſérénité que s'ils allaient avec leurs amis. *Venafranos in agros aut lacedemonium tarentam.*

Ces philoſophes ſont tolérants, & vous êtes bien loin de l'être, vous, qui employez toutes ſortes d'armes contre un vieillard iſolé, mort au monde, en attendant une mort prochaine; contre, un homme, que vous m'avez jamais vu, qui ne vous a jammais pu offenser! pourquoi faites-vous contre lui trois volumes? pourquoi dans ces trois volumes toutes ces ironies continuelles? toutes ces injures, toutes ces accusations, toutes ces calomnies ramaſſées dans la fange de la littérature, & dont certainement vous n'auriez point fait uſage ſi vous aviez conſulté votre cœur & votre raiſon. Otez ce fatras énorme d'outrages, il ne reſtera pas vingt pages en tout. Et de ces vingt pages ôtez les choſes dont aucun honnête homme ne ſe ſoucie aujourd'hui, il ne reſtera rien.

O quantum eſt in rebus inane!

X X I.

FORMULE DE PRIERE PUBLIQUE.

Mon ami a remarqué hiſtoriquement que depuis la pâque célébrée dans le désert après la fabrication du tabernacle, il n'eſt parlé d'aucune autre pâque; que la circoncifion ne fut point connue dans le défert pendant quarante ans, que nulle grande fête légale n'eſt marquée, qu'on ne trouve dans l'ancien teſtament aucune priere publique commune femblable à notre oraifon dominicale, & que la mifna nous aprend feulement qu'Efdras en inſtitua une. Tout cela eſt auſſi vrai qu'indiférent. Pourquoi y trouvez-vous de la fauſſeté, & de la mauvaife volonté? Si mon ami a mal dit, rendez témoignage du mal. S'il a bien dit pourquoi l'injuriez-vous?

XXII.

DÉFENSE DE SCULPTER ET DE PEINDRE.

Vous avancez formellement que la loi de Dieu *ne défend pas abfolument de faire aucune image, aucun fimulacre, mais d'en faire pour les adorer.* Je penfe que

vous vous trompez, messieurs. Je ne sais rien de si positif que ces paroles de l'Exode. « Vous ne ferez point d'image
» taillée ni aucune représentation de
» ce qui est sur le ciel en haut, ni sur
» la terre en bas, ni de ce qui est dans
» les eaux. «

Ce n'est qu'après ces paroles qu'il est dit: « Vous n'adorerez point cela.
» Vous n'adorerez ni le ciel, ni la terre,
» ni l'eau. Car je suis le Dieu fort, le
» Dieu jaloux. «

Si après cet ordre si précis, Moyse lui-même érigea un serpent d'airain, il semble qu'il se dispensa de sa loi. Si le roi Ezéchias fit brûler ce serpent comme un monument d'idolâtrie, il paraît qu'il fut bien ingrat envers un animal qui avait guéri ses ancêtres mordus par de vrais serpens dans le désert. Il faut demander ce qu'on en doit penser aux chanoines de Milan qui ont ce serpent d'airain dans leur église.

XXIII.

De Jephté.

Vous avez beau faire, monfieur, ou meffieurs, vous ne ferez jamais accroire à perfonne qu'on doive entendre dans votre fens ces paroles de Jephté aux Ammonites. *Ce que votre dieu chamos vous a donné ne vous apartient-il pas de droit? fouffrez donc que nous prenions ce que notre dieu s'eft acquis.* Vous croyez qu'elles fignifient; ce que vous prétendez qu'on vous a donné, ne vous apartient-il pas? donc tout nous apartient.

Ne tordons point les textes, ne dénaturons point le fens des paroles; c'eft un pot à deux anfes, dit un grave auteur, chacun tire à foi, le pot fe caffe, les difputants fe jettent les morceaux à la tête.

XXIV.

DE LA FEMME À MICHAS.

Non, vous ne ferez jamais accroire à perfonne que la femme à Michas * ait bien fait d'acheter des idoles, & de payer un chapelain d'idoles; que la tribu de Dan n'ayant point affez pillé dans le païs, ait bien fait de voler les idoles & le chapelain de la femme à Michas; que le chapelain ait bien fait de bénir cette tribu de voleurs quand elle eut ravagé je ne fais quel village qu'on nommait, dit-on, Laïs; (beau nom chez les Grecs) qu'un petit-fils du divin Moyfe nommé Jonathan ait bien fait d'être grand aumônier des idoles de ces voleurs. Un petit-fils de Moyfe; jufte Dieu! premier chapelain d'une tribu idolâtre! C'eft bien pis que de foutenir dans un village auprès d'Utrecht, que les cinq propofitions ne font pas

---

* Voyez dans les Juges l'hiftoire de la femme à Michas.

dans Janſénius : car en conſcience je ne crois pas qu'il y ait le moindre mal à penſer que certains mots ſont ou ne ſont pas dans Janſénius ; mais je crois que le petit-fils de Moyſe était un vaurien, & qu'on dégénere ſouvent dans les grandes maiſons.

X X V.

Des 50070 Juifs morts de mort subite.

Vous ne ferez jamais accroire que le nombre cinquante mille ſoixante & dix ne faſſe pas 50070. Je ſais bien que le docteur Irlandais Kenniçot dans ſon pamphlet dédié en 1768 au révérend évêque d'Oxfort, dit, qu'il n'a jamais pu digérer l'hiſtoire des hémorroïdes du peuple philiſtin, & des cinq anus d'or, encore moins dit-il, l'hiſtoire de cinquante mille ſoixante & dix Bethſamites morts de mort ſubite pour avoir regardé l'arche. Il dit dans ſon pamphlet, qu'*il avait autrefois ainſi que ſa grandeur l'évêque* d'Oxfort, un furieux penchant pour le texte hébreu ; mais que sa grandeur & lui en sont bien revenus. Ce pamphlet irlandais est assez curieux ; monsieur Kennicot se dit de l'académie des inscriptions de Paris, quoiqu'il n'en soit pas : il propose une souscription d'environ six cent mille livres sterling qu'il dit à moitié remplie, à Paris chez Saillant, à Rome chez Monaldini, à Venize chez Pasquali, & à Amsterdam chez Marc Michel Rey. Ainsi messieurs, s'il vous plait de lire cet ouvrage, & si vous demeurez en effet auprès d'Utrecht, adressez-vous à Marc Michel, vous aurez parfait contentement. Vous verrez le système complet de Mr. Kennicot sur la maniere dont les philistins furent affligés, *in secretiori parte natium*, dans la plus secrette partie des fesses. Vous y verrez pourquoi les fesses des philistins furent punies plutôt qu'une autre partie de leur corps pour avoir pris l'arche, & par quelle raison, cinquante mille soixante & dix Israélites moururent d'apoplexie pour l'avoir regardée lorsque deux vaches vinrent la rendre de leur plain gré.

Vous avez fans doute étudié l'anatomie; vous jugerez de l'opinion de Mr. Kennicot sur l'art que les orfèvres philistins employerent pour fabriquer des anneaux d'or qui ressemblassent parfaitement à la plus secrette partie des fesses. Cela sera presque auffi utile au genre humain que tout ce que nous avons dit jusqu'ici.

XXVI.

Si Israel fut tolérant.

Non, monsieur ou messieurs, mon ami n'a jamais prétendu que les Juifs aient été les plus tolérants, les plus humains de tous les hommes. Il a prétendu, il a prouvé que ce peuple fut tantôt indulgent & facile, tantôt barbare & impitoyable, qu'il a été très-inconséquent comme l'ont été tant d'autres peuples. Vous ne niez pas que les Juifs n'aient été aussi loups, aussi panthères que nous l'avons été dans notre saint Barthelemi, & dans les troubles du tems de Charles VI. Les frères Juifs massacrerent une fois de gaieté de cœur, vingt-trois mille frères, & une autre fois vingt-quatre mille, & une autre fois, s'il m'en souvient, quatorze mille neuf cent cinquante dans la querelle d'Aaron avec Coré. Cela prouve assez que le peuple Juif était prompt à la main. Vous m'accorderez aussi qu'il fut d'autres fois très accommodant sur le culte. Il fut tolérant quand on adora Kium & Rimphan dans le désert pendant quarante années, (malgré les affreux assassinats de tant de frères égorgés par d'autres frères.) Il fut très-tolérant quand le sage Salomon fut idolâtre: Israël fut très-tolérant, quand Jéroboam fit ériger deux veaux d'or, pour l'emporter sur Aaron qui n'en avait autrefois érigé qu'un. Jérémie toujours inspiré de Dieu ne fut-il pas le plus tolérant des hommes, quand il prèchait au nom de Dieu qu'il fallait reconnaître Nabucodonozor pour bon serviteur de Dieu ; quand il criait que Dieu avait donné tous les roïaumes de la terre à son serviteur, à son oint, à son messie Nabucodonozor, & qu'il se mettait un joug, ou si l'on veut un bât sur le cou pour le prouver ?

Ne soyez pas surpris de ces disparates, de ces contrariétés éternelles du pauvre peuple de Dieu. C'est l'histoire du genre humain. Les nations qui entouraient la petite horde Juive, s'apelaient toutes *peuple de Dieu*. Leurs villes s'apelaient ville de Dieu, & sont encore nommées ainsi ; leurs habitans étaient aussi inconstants, aussi superstitieux que les Juifs. *Tutto il mondo e fatto come la famiglia nostra.* Et vous-mêmes, messieurs, n'ètes-vous pas aussi inconstants que les anciens Israëlites, quand dans une lettre vous faites des complimens à mon ami, & que dans une autre vous l'accablez d'injures & de calomnies ? Moi qui vous parle, je fuis auffi faible, auffi changeant que vous. Tantôt je prends férieufement vos citations, vos raifonnemens, votre malignité; tantôt j'en ris. Quel eft le réfultat de toute cette difpute ? c'eft que nous nous battons de la chappe à l'évêque.

Encore un mot, mes chers Juifs, fur la tolérance. Quoique vous foyez très-piqués contre le nouveau teftament; je vous conjure de lire la parabole de l'hérétique famaritain qui fecourt & qui guérit le voyageur bleffé, tandis que le prêtre & le lévite l'abandonnent. Remarquez que Jefus très-tolérant prend l'exemple de la charité chez un incrédule, & celui de la cruauté chez deux docteurs.

XXVII.

Justes plaintes et bons conseils.

Je viens de vous dire, monſieur ou meſſieurs, que je ris quelquefois des calomnies atroces que vous vous êtes permis de recueillir & de répéter contre mon ami. Soyez perſuadé que je n'en ris pas toujours. Vous lui imputez je ne ſais quelles brochures, intitulées diction. . . . . philoſ. . . . , queſtions de Zapata, dîner du comte de B., & vingt autres ouvrages un peu trop gais, à ce qu'on dit. Je ſuis très-ſûr & je vous atteſte qu'ils ne ſont point de lui. Ce ſont des plaiſanteries faites autrefois par des jeunes gens. Il y a bien de la cruauté (je parle ici ſérieuſement) à vouloir charger un homme accablé de ſoins & d'années, un ſolitaire preſque inconnu, un moribond, des facéties de quelques jeunes plaiſants qui folâtraient il y a quarante ans. Vous prétendez le brouiller avec Mr. Pinto pour lequel il est plein d'estime. Vous espérez lui faire intenter un procès criminel par des fanatiques. Vous perdez votre peine; il sera mort avant qu'il soit ajourné, & s'il est en vie il confondra les calomniateurs.

Il est vrai que vous paraissez avoir beau jeu dans la guerre offensive que vous faites, vous combattez avec des armes qu'on révère; vous prenez sur l'autel le couteau dont vous voulez frapper votre victime. Si vous demeurez dans un village auprès d'Utrecht, vous êtes victimes vous-mêmes & vous voulez devenir boureaux! Et de qui? d'un homme qui a toujours condamné vos persécuteurs.

Que nous importe au fond à vous & à moi, pauvres gaulois que nous sommes, si on a écrit je ne sçais où, & je ne sçais quand, qu'un barbare dans une guerre barbare entre des villages barbares ait égorgé sa fille par piété. * Que

---

* Jephté.

nous fait la loi de ce parricide qui ordonnait que tout ce qui ferait voué ferait maſſacré ſans rémiſſion ? De quoi nous embarraſſons-nous ſi un homme * prêcha tout nud autrefois, & ſi c'était un ſigne évident que le roi d'Aſſyrie emmenerait pendant trois ans les Egyptiens & les Ethiopiens captifs, tout nuds, ſans ſouliers, *montrant leurs feſſes* pour l'ignominie de l'Egypte.

N'eſt-ce pas en vérité une étrange & triſte occupation pour des habitans des côtes occidentales de l'occident de s'acharner les uns contre les autres, pour décider comment s'y prit un voyant, un nabi ſur le bord de la rivière de Chobar, ** lorſqu'il coucha trois cent quatre-vingt dix jours ſur le côté gauche, & qu'il mangea des excrémens étendus ſur ſon pain pendant tout ce tems-là ?

Faut-il

---

* Eſaïa.
** Ezechiel.

Faut-il injurier, calomnier, persécuter aujourd'hui son prochain, pour sçavoir si un autre voyant * donna autant d'argent à la prostituée Gomer fille d'Ebalaïm dont il eut trois enfans par l'ordre exprès du seigneur son maître ; qu'il en donna à l'autre prostituée adultère par le même ordre ? S'égorgera-t-on pour prouver que cette adultère ayant eu quatre boisseaux d'orge & vingt-quatre francs du nabi, il n'en fallût pas davantage à la simple prostituée dont il eut trois enfans ?

En bonne-foi, messieurs ; il y a dans cet ancien livre plus de cinq cent passages tout aussi difficiles à expliquer, & qu'on peut tâcher d'entendre ou d'oublier ou de respecter sans outrager personne.

---

* Ozéci

XXVIII.

DE 61 MILLE ANES ET DE 32 MILLE PUCELLES.

Malgré le dégoût mortel que me donne cette vaine difpute, vous me forcez de continuer à vous répondre, puifque vous continuez d'infulter & de perfécuter mon ami. Vous lui reprochez d'avoir voulu infpirer la tolérance aux hommes dans fon traité de la tolérance. Vous vous réjouiffez de ce qu'un capitaine juif dans le petit défert de Madian ayant donné bataille aux Madianites ait égorgé tous les hommes & n'ait dans le butin confervé la vie qu'à trente-deux mille pucelles, à fix cent foixante & quinze mille moutons, à foixante & douze mille bœufs, & à foixante & un mille ânes. L'auteur de la tolérance n'a parlé de cette étrange capture que pour examiner s'il faut croire les écrivains qui affurent que parmi les trente-deux mille filles confervées il y en eut une par mille immolée au seigneur, comme ces mots *trente-deux vies furent la part du seigneur*, femblent le démontrer.

Si vous lifez dans un auteur arabe ou tartare *trente-deux vies furent le partage de ce vainqueur*, certainement vous n'entendriez pas autre chofe, finon, ce vainqueur ôta la vie à trente-deux perfonnes. Ceux qui ont imaginé que les trente-deux filles madianites furent employées au fervice de l'arche, ne fongent pas que jamais fille ne fervit au fanctuaire chez les Juifs, qu'ils n'eurent jamais de nonnes, que la virginité était chez eux en horreur. Il eft donc infiniment probable fuivant le texte que les trente-deux pucelles furent immolées; & c'eft ce qui peut avoir fait dire au R. P. don Calmet dans fon dictionnaire à l'article madianite. *Cette guerre eft terrible & bien cruelle, & fi Dieu ne l'avait ordonnée* on *ne pourait qu'accufer Moïfe d'injuftice, & de brigandage.*

A l'égard des foixante-douze mille bœufs & des foixante-un mille ânes, vous voulez rendre mon ami fufpect d'irrévérence, parce que dans l'horrible défert fabloneux de Jared & de l'Arnon hériffé de rochers, on nourriffait fix cent foixante & quinze mille brebis qui furent prifes avec les bœufs, les ânes, & les filles : & là deffus vous dites avoir lu qu'en *Dorfetshire* dans un petit terrein marécageux, il y a quatre cent mille moutons. Tant pis pour le propriétaire, monfieur, j'en fçais des nouvelles; croyez-moi, les moutons meurent bien vite dans les marécages; j'y ai perdu les miens. Je ne vous confeille pas de mettre vos moutons dans un marais, faites-y des étangs, élevez-y des carpes.

Au refte vous prenez trop de peine de chercher les limites d'un Madian vers le ruiffeau de l'Arnon, & celles d'un autre Madian vers Eziongaber. L'un pouvait être très-aisément une colonie de l'autre, comme on dit que notre Bretagne a été une colonie de la Grande-Bretagne. Mais à propos de ces Madianites dont l'horrible destruction vous plait si fort, & qui habitaient si loin d'Utrecht, deviez- vous outrager, dénoncer, calomnier votre compatriote parce qu'il a recommandé l'humanité, la tolérance ; parce quil l'a inspirée à des hommes puissants, parce qu'il a rendu service au genre humain ? il vous aurait rendu service à vous - mêmes si vous aviez été persécutés par les Jésuites.

XXIV.

Des enfants à la broche.

Il n'est que trop vrai, monsieur ou messieurs, que presque tous les peuples ont tâté de la chair humaine ; vous n'en mangez pas, vous n'êtes pas antropofages, mais vous êtes des auteurs

Androp'ekthroi, un peu ennemis des hommes, ſi j'oſe le dire. Mon ami qui a toujours été leur ami ne pouvait croire autrefois à l'antropofagie. Il a été détrompé. Meſſieurs Bank, Solander & Cook ont vu récemment des mangeurs d'hommes dans leurs voyages. J'ai fort connu autrefois Mr. Brebeuf petit-neveu de l'ampoulé traducteur de l'ampoulé Lucain, & du révérend père Brebeuf jéſuite miſſionnaire en Canada : il m'a conté que ſon grand-oncle le jéſuite ayant converti un petit Canadien fort joli, ſes compatriotes très-piqués rôtirent cet enfant, le mangerent, & en préſenterent une feſſe au révérend père Brebeuf, qui pour ſe tirer d'affaire leur dit qu'il feſait maigre ce jour-là. Le révérend père Charleroi qui fut mon préfet il y a ſoixante & quinze ans, au collège de Louis le Grand, & qui était un peu bavard, a conté cette avanture dans ſon hiſtoire du Canada

Vous raportez vous-même que mon

ami vit à Fontainebleau en 1725 une belle Sauvage du Mississipi qui avoua avoir dîné quelquefois de chair humaine. Cela est vrai, & j'y étais, non pas au dîner de la Sauvage, mais à Fontainebleau.

Vous sçavez, messieurs, ce que Juvenal rapporte des Gascons & des Basques qui avaient eu une cuisine semblable. Jules-César, le grand César notre vainqueur & notre législateur, a daigné nous apprendre dans son livre (sept. de bello gallico)., que lorsqu'il assiégeait Alexia en Bourgogne, le marquis Critognac homme très-éloquent proposa aux assiégés de manger tous les petits enfans l'un après l'autre selon l'usage. Je ne me fâche point quand on me dit que c'était la coutume de nos pères. Pourquoi donc les Juifs se fâcheraient-ils quand on leur dit en conversation que leurs pères ont suivi quelquefois le conseil de ce monsieur de Critognac?

Voulez-vous que j'ajoute au témoignage de César celui d'un saint qui est d'un bien plus grand poids ? C'est St. Jerôme. „ J'ai vu, dit-il, dans une de
» ses lettres, j'ai vu étant jeune dans la
» Gaule des Ecoffais qui pouvant se nou-
» rir de porcs & d'autres bêtes, aimaient
» mieux couper les fesses des jeunes gar-
» çons & les tetons des jeunes filles. Puis servez..... *Ipse adolescentulus viderim in Galliâ Scotos humanis vesci carnibus, & cum pecorum & pecudum nates reperiant, tamen juvenum nates & fœminarum papillas solere abscindere, & has ciborum delicias arbitrari.* *

Y a-t-il donc tant à s'émerveiller, monsieur ou messieurs, que les Juifs aient fait quelquefois la même chère que nous, & que tant d'autres nations qui nous valaient bien ! Je suis persuadé

---

* Lettre contre Jovinien liv. 2. Page 53 ; édition de St. Jerôme in-folio à Francfort, chez Christ Genskium 1684.

que Mr. Pinto n'est point du tout humilié qu'une femme de Samarie ait fait autrefois avec sa commère, la partie de manger leurs enfans l'un après l'autre. Cela fit un procès par devant le roi d'Israël. Où avez vous pris que les deux femmes plaiderent devant le roi de Sirie ?

XXX.

Menaces de manger ses enfants.

Vous raisonnez, je crois, un peu légèrement quand vous dites que les menaces faites par Moyse aux Juifs qu'ils mangeroient leurs enfants, est une preuve que cela arrivait, & qu'on ne pouvait les menacer que d'une chose qu'ils détestaient. Dites-moi, je vous prie, de ce que César menaça nos pères les magistrats de la ville de Vannes de les faire pendre, en concluriez-vous qu'ils ne furent pas pendus, sous prétexte qu'ils n'aimaient pas à l'être ? On ne vous a point dit que les méres juives mangeassent souvent leurs enfants de gaieté de cœur; on vous a dit qu'elles en ont mangé quelquefois; la chose est avérée. Pourquoi vous & moi nous mangeons-nous le blanc des yeux pour des avantures si antiques.

XXXI.

MANGER À TABLE LA CHAIR DES OFFICIERS, ET BOIRE LE SANG DES PRINCES.

Il est dit dans l'analife de la religion juive & chrétienne attribuée à St. Evremont, que la promesse faite dans Ezéchiel d'avaler la chair des vaillants, de boire le sang des princes, de manger le cheval & le cavalier à table, regarde évidemment les Juifs, & que les promesses précédentes font pour les corbeaux. Mr. Fréret est de cette opinion; mais qu'importe! Je vous cite ici St. Evremont, parce qu'on mettait fous fon nom mille ouvrages auxquels il n'avait pas la moindre part. Vous en ufez ainfi avec mon ami. Laiſſons-là tous ces vilains repas, & vivons enſemble paiſiblement ! Que je voudrais monfieur, avoir l'honneur de vous donner à dîner dans ma chaumière avec des philofophes tolérants qui daignent y venir quelquefois. Nous ne mangerions ni le cheval ni le cavalier; nous parlerions des fottifes anciennes & modernes. Vous nous inſtruiriez ; vous trouveriez en nous des cœurs ouverts & des efprits dignes peut-être de vous entendre.

XXXII.

TOUT CE QUI SERA VOUÉ NE SERA POINT RACHETÉ, MAIS MOURRA DE MORT.

Vous accufez mon ami d'avoir dit que les facrifices de fang humain font établis dans la loi de cet *exécrable &*

détestable peuple. Je ne me fouviens point d'avoir lu ces belles épithètes ainfi accolées. Je crois pouvoir affurer que c'eft une calomnie, non pas exécrable & détestable, mais une pure calomnie; d'autant plus que vous ne citez ni la page, ni le livre. Mais il n'eft pas queftion ici de favoir fi un écrivain a injurié & calomnié un autre écrivain à lui inconnu l'an 1771 dans un ouvrage imprimé en 1776. Il s'agit d'entendre le chapitre 27 du Lévitique qui dit : *Ce qui fera voué au Seigneur ne fera point racheté, mais mourra de mort.* Ce texte eft affez clair, ce me femble, il n'y a pas à difputer. Et quand vous dites que ces facrifices font défendus ailleurs ; que prouvez-vous par ce fingulier raifonnement ? vous prouvez que vous avez trouvé des contradictions : c'eft à vous à vous fauver de ce piège que vous vous êtes tendu. Je me retire de peur d'y tomber.

XXXIII.

JEPHTÉ.

Vous n'ofez dire nettement que felon le texte Jephté n'égorgea point fa fille. La chofe eft conftante, trop avérée par les plus grands hommes de l'églife. Vous dites que peut-être cela s'expliquait d'une autre façon, que Jephté pourait avoir mis fa fille en couvent, que Louis Capelle & don Martin ont faifi cet échapatoire. Je ne me foucie ni de Martin ni de Capelle ; je m'en tiens au texte en qui je crois plus qu'en eux. *Jephté lui fit comme il avait voué.* Et qu'avait-il voué ? la mort.

XXXIV.

LE ROI AGAG COUPÉ EN MORCEAUX.

Il y avait donc chez les Juifs des facrifices de fang humain, & celui-là eft bien conftaté. Vous voulez donner un autre nom à la mort du Roi Agag. A la bonne heure ; nommez fi vous voulez cette avanture une violation exécrable du droit des gens, une action horrible, une action abominable. Elle eſt raportée par l'hiſtorien des rois juifs, qui doit faire mention des crimes comme des bonnes actions. Mais remarquez bien en paſſant, qu'il y a une très-grande différence entre un livre qui contient la loi, & une ſimple hiſtoire. On ne fut pas obligé chez les juifs de croire les chroniques comme on fut obligé de croire le décalogue. C'eſt-là que ſe ſont fourvoyés tant de braves commentateurs ; ils n'ont pas diſtingué Dieu qui parle ; & l'homme qui raconte.

Quoiqu'il en ſoit, j'avoue que je ne puis m'empêcher de voir un vrai ſacrifice dans la mort de ce bon roi Agag. Je dis d'abord qu'il était bon ; car il était gras comme un ortolan : & les médecins remarquent que les gens qui ont beaucoup d'embonpoint, ont toujours l'humeur douce. Ensuite je dis qu'il fut sacrifié, car d'abord il fut dévoué au Seigneur; or nous avons vu que, *ce qui a été dévoué ne peut être racheté, il faut qu'il meure.* Je vois là une victime & un prêtre. Je vois Samuel qui se met en prière avec Saül, qui fait amener entr'eux deux le roi captif, & qui le coupe en morceaux de ses propres mains. Si ce n'eſt pas là un sacrifice il n'y en a jamais eu. Oui, monſieur, de ſes propres mains : *in frusta concidit eum.* Le zèle lui mit l'épée à la main, dit le ſavant don Calmet; il pouvait ajouter que le zèle donne des forces ſurnaturelles; car Samuel avait près de cent ans, & à cet âge on n'eſt guères capable de mettre un roi en hachis. Il faut un furieux couperet de cuiſine & un furieux bras. Je ne vous parle pas de l'inſolence d'un aumônier de quartier qui coupe en morceaux un roi priſonnier que ſon maître a mis à rançon, & qui allait payer cette rançon à ce maître. On a déja dit que si un chapelain de Charles-Quint en avait fait autant à François I. la chose eût paru rare.

Vous avez la cruauté, monsieur ou messieurs, de calomnier ce pauvre roi Agag pour justifier le cuisinier Samuel. Vous assurez que c'était un tyran sanguinaire, parce que Samuel lui dit en le coupant par morceaux, comme ton épée a ravi des enfants à des mères, ainsi ta mère restera sans enfants. Hélas ! monsieur ; n'est-ce pas ce que tant de héros de l'Iliade disent aux héros qu'ils tuent dans les combats ? Le pieux Hector avait fait pleurer des mères grecques, Achille fit pleurer la mère d'Hector, lequel n'était point un tyran sanguinaire. Cessez de remuer la cendre du bon roi Agag & de flétrir sa mémoire. C'est bien assez qu'il ait été haché menu par Samuel fils d'Elcana.

XXXV.

Des Profètes.

Paſſons à une autre queſtion. C'eſt une choſe reſpectable ſans doute, que le don de profétie ; ce n'eſt pas aſſez d'exalter ſon ame, il faut une grace particulière. Je ne ſais pas ſi mon ami a dit que connaître l'avenir c'eſt connaître ce qui n'eſt pas. Mais s'il l'a dit, il a dit vrai. Vous répondez qu'on connait le paſſé, & que cependant le paſſé n'eſt pas. Voilà un plaiſant ſophiſme ; un homme auſſi ſérieux que vous l'êtes, peut-il ſe jouer ainſi des mots ? faut-il qu'on vous diſe que le paſſé eſt dans la bouche de ceux qui ont écrit ? encor n'y eſt-il guères. Mais où eſt l'avenir, où le voit-on ? Mon ami a toujours révéré les profètes, non pas tous : peut-être a-t-il eu quelque ſcrupule ſur la viſion qu'eut le profète Michée quand Dieu au milieu de tous ſes anges, demanda qui d'eux voulait tromper Achab en son nom & le faire aller à Ramoth en Galaad, & que le profète Sédékia donna un grand souflet au profète Michée, en lui disant : devine comment l'esprit a passé de ma main sur ta joue ? D'ailleurs mon ami croyait fermement aux proféties, mais peu à Sédékia.

Monsieur ou messieurs, vous écrivez sous le nom de six Juifs, & vous leur faites citer St. Paul à propos des profètes ! Cela n'est pas adroit.

XXXVI.

Des Sorciers et des Possédés.

Vos Juifs ont eu des magiciens, des possédés, des exorcistes. Et quel peuple n'en a pas eu ! Lisez l'Ane d'or d'Apulée. Vous voulez faire accroire que mon ami s'est contredit quand il a prouvé que les Juifs furent long-tems sans connaître les anges & les diables, & qu'ayant été faits ensuite esclaves ils connurent les anges & les diables de leurs maîtres. Ils furent même bientôt endiablés, possédés, ensorcelés. Or quand on a des ensorcelés chez soi, il faut bien qu'on les désorcelle. Les Français mes voisins ont un joli opéra comique appellé les ensorcelés; il est, je crois, de Mr. Sedaine. Janot & Janette y sont possédés du diable, & à la fin, ils sont exorcisés comme de raison, & heureusement guéris. Les Juifs ayant donc fait connaissance avec les diables eurent le secret de les chasser. Ils firent des livres de Salomon comme je vous l'ai dit; ils mirent de la racine Barat ou Barad, dans le nez des possédés, comme je vous l'ai dit encore. Permettez-moi d'ajouter qu'il faut avoir le diable au corps pour trouver de la contradiction dans les laborieuses recherches de mon ami.

Et vous, mes amis les Juifs, relisez votre historien Joseph au Livre 7. ch. 23 de la guerre contre les Romains :
» Au nord de la vallée de Macheron,

» au champ nommé Barat, se trouve
» une plante du même nom qui ressem-
» ble à une flamme. Elle jette le soir des
» rayons brillants, & se retire quand on
» la veut prendre. On ne peut l'arrêter
» qu'avec de l'urine de femme, ou avec
» ses mal-semaines. Qui la touche meurt
» sur le champ, à moins qu'il n'ait dans
» sa main une racine de la même plante,
» à cette racine on attache un chien
» qui en voulant se débarrasser, arrache
» la plante & meurt aussitôt. Après cela
» on peut manier le barat sans péril.
» C'est avec cette plante qu'on chasse
» les démons infailliblement. »

Cette recette était si commune du tems de la personne infiniment respectable, dont il faut bien que je vous parle malgré vous, que cette personne convient elle-même de l'efficacité du barat, & avoue que vous avez le pouvoir de chasser les diables.

Vous devez savoir qu'il y avait beaucoup de maladies diaboliques qu'on apellait sacrées chez presque toutes les nations, & que l'on croyait guérir avec des exorcismes ; telles étaient l'épilepsie, la catalepsie, les écrouelles. L'impuissance qu'on appellait la maladie des Scythes était sur-tout causée par des esprits malins qu'on exorcisait ; c'est ce qu'on voit dans Petrone, dans Apulée. Et il faut vous dire, mes chers Juifs, que tous ces faux exorcismes ont enfin cédé à la puissance des nôtres qui sont les seuls véritables. Je suis fâché de vous dire des choses si dures ; mais c'est vous qui m'y forcez.

XXXVII.

Des Serpents enchantés.

Vous parlez d'enchanter les serpents. Vraiment, monsieur, rien n'est plus commun. Mon intime ami rapporte lui-même le certificat d'un fameux chirurgien d'un village assez voisin de son château. Voici ce certificat. *Je certifie* que j'ai tué en diverses fois plusieurs serpents, en mouillant un peu avec ma salive un bâton ou une pierre, en donnant un petit coup sur le milieu du corps du serpent. 19 Janvier 1772.

FIGUIER Chirurgien.

Il faut croire que ce chirurgien enchante les serpents avec sa salive. C'était l'opinion des anciens physiciens. Lucrèce dit dans son quatrième livre :

Est utique ut serpens hominis contacta saliva,
Disperit ac sese mordendo conficit ipsa.
Crachez sur un serpent, sa force l'abandonne,
Il se mange lui-même, il se dévore, il meurt.

Des incrédules soupçonneront que mon chirurgien donnait à ses serpents de grands coups de pierre ou de bâton, qui avaient plus de part à la mort du reptile que le crachat de l'homme. Mais enfin, Virgile qui passe encore à Naples pour un grand sorcier, dit en termes exprès :

Frigidus in pratis cantando rumpitur anguis.

Ce qui a été ainſi rendu en françois ou en français par Mr. Perrin ;

Chantez dans votre pré, les ſerpents crèveront.

Vous êtes perſuadé que les ſauvages d'Amérique charment les ſerpents. Je le crois bien, monſieur, les Juifs les charmaient auſſi. Vous trouvez dans le pſeaume 57, le ſerpent, l'aſpic ſourd qui ſe bouche les oreilles pour ne pas entendre la voix de l'enchanteur. Jérémie dans ſon chapitre 8, menace les Juifs de leur envoyer des ſerpents dangereux, contre leſquels les enchantements ne pouront rien. L'Eccléſiaſte, l'Eccléſiaſtique rendent gloire à la puiſſance des ſages qui charment des ſerpents. Je me joints à eux : j'ai dit à des gens, je n'aſpire pas juſqu'à vous charmer ; mais je voudrais vous apaiſer.

XXXVIII.

D'Edith femme de Loth.

Vous parlez de la femme à Loth transmuée en statue de sel; & je ne sais si c'est pour vous en moquer ou pour la plaindre. Oh! que j'aime bien mieux Virgile quand il raconte le malheur d'Euridice!

Illa quis & me inquit, miseram & te perdidit orpheu!
Quis tantus furor! en iterum crudelia retrò.
Fata vocant, conditque natantia lumina somnus;
Jamque male feror ingenti circumdata nocte,
Invalidasque tibi tendens, heu non tua palmas!

Pouvez-vous affaiblir les miracles terribles opérés sur cette femme infortunée, sur tous ses compatriotes jeunes & vieux, enivrés de la fureur de violer deux anges; & quels anges! en nous racontant froidement d'après je ne sais quel heidegger que des païsans furent changés en statues eux & leurs vaches, vous ne dites pas en quel pays. J'avoue que

que le malheur d'Edith femme de Loth excite ma compassion. Mais en vérité, monsieur, vous me faites compassion aussi. Vous ne croyez pas à Saint Irenée qui prétend que la femme à Loth a conservé ses ordinaires, ses menstrues dans son sel! vous contredites un saint! Il est clair pourtant que les menstrues dont on a tant parlé, ne sont pas plus prodigieuses que la métamorphose en statue. Je vous prie de vous souvenir que mon ami vous a toujours regardé comme un peuple à prodiges, & qu'un miracle ne coûte pas plus qu'un autre au maître de la nature.

XXXIX.

DE NABUCODONOSOR.

Vous soutenez que Nabucodonosor ne fut pas métamorphosé en bœuf, mais en aigle. Cependant il est dit dans Daniel, *il brouta l'herbe en bœuf*. J'avoue que Daniel dit aussi que ses cheveux ressemblerent à des plumes d'aigle; encore le mot de plumes n'est pas dans le texte. Eh bien, monsieur, faut-il se fâcher pour cela? concilions-nous, disons qu'il fut changé en aigle-bœuf. C'est un animal aussi rare que le dragon de l'empereur de la Chine, & que l'aigle à deux têtes. Je ne prends la liberté de railler qu'avec vous qui raillez continuellement avec mon ami. Je révère le texte sur lequel vous & moi pourions nous tromper. Et ce n'est certainement pas avec le texte que nous oserions badiner.

X L.

Des Pigmées & des Géa...

Disons un petit mot des Pigm...
des Géants. Quant aux races des G...
vous ne prouvez leur existence co...
tée dans l'écriture que par les Patag...
& vous niez celle des Pigmées quoiqu...

foit énoncée dans Ezéchel. Cependant, vous avouez fans difficulté que les anciens Pigmées qui combattirent contre les grues avaient un pied & demi de roi de hauteur. Et vous ne voulez pas que les Gamadim, les Pignées d'Ezéchiel qui combattirent à Tyr, comme tout le monde le fait, fuffent de la même taille! N'eft-ce pas avoir deux poids & deux mefures? Il y a des gens qui prétendent que lorfqu'on difpute fur un peuple d'un pied & demi de haut, on pourait bien avoir un pied de nez.

XLI.

Des Types, des Paraboles.

Vous répétez ce que mon ami a dit cent fois, que les anciens s'expliquaient non-feulement en paraboles; * mais auffi en actions, en types figuratifs;

---

* Voyez le Chap. 43. de la Philofophie de l'hiftoire, fi vous voulez.

vous répétez précisément les exemples qu'il en rapporte ; les pavots dont Tarquin abattit la tête pour signifier qu'il fallait détruire les grands seigneurs Gabiens, le présent de cinq flèches, d'une souris, d'un moineau & d'une grenouille fait par un roi de Scythie au premier des Darius, pour l'avertir de craindre les flèches des Scythes, & de s'enfuir comme une souris ou un moineau au plus vite, & les chaines dont le profète Jérémie se lie pour engager les Israélites à se laisser lier par Nabucodonosor ; la prostituée à laquelle le profète Osée fait trois enfants, & la femme adultère à laquelle il en fait d'autres, pour reprocher aux Israélites qu'ils ont forniqué avec les nations ; Ezéchiel couché trois cent quatre-vingt & dix jours sur le côté gauche, & mangeant son pain couvert d'excréments, exprès pour avertir ses compatriotes qu'ils mangeront leur pain souillé parmi les nations, &c.

Il y a chez tous les peuples mille

exemples de ces emblèmes, de ces figures, de ces allégories, de ce langage typique. † Il ne faut pas l'outrer ; Cicéron nous en avertit : *verecunda debet esse translatio.*

Mon ami a remarqué que des moines languedochiens avaient écrit sous le portrait du pape Innocent III qui avait maudit les sujets du comte de Toulouse ; *Tu es innocent de la malédiction.*

Il observe aussi qu'on trouva les minimes prédits dans la Genèse, *frater noster minimus*, notre frère le minime.

De grands hommes même ont abusé quelquefois de ce langage tropologique-mystique-typique. St. Augustin dans son sermon 41, s'exprime ainsi : » le nom-

---

† N. B. Vous êtes de bien mauvaise humeur Messieurs, & votre *indignor* est bien mal appliqué. Lisez seulement le Commentaire de Calmet, vous verrez que tout cela fut fait réellement. Que c'était à la fois un fait & un type, & qu'il fallait bien que le pain d'Ezéchiel fût souillé pour être la figure d'un pain souillé. C'est à moi de dire *indignor.*

» bre dix fignifie juftice & béatitude ré-
» fultante de la créature qui eft fept avec
» la Trinité qui fait trois : c'eft pour-
» quoi les commandements de Dieu font
» dix. * Le nombre onze eft le péché,
» parce qu'il tranfgreffe dix. Le nombre
» foixante & dix-fept eft le produit du
» péché qui multiplie dix par fept ; car
» le nombre fept eft le fymbole de la
» créature. »

C'eft ainfi que St. Auguftin daignant employer ces idées pithagoriciennes pour combattre les gentils avec leurs propres armes, dit dans fon fermon 53 : « que les trois dimenfions de la matière
» font la largeur qui eft la dilatation du
» cœur, la longueur qui eft la perfévé-

---

* N. B. Dans le Shafta ancien ouvrage des anciens Bracmanes qui felon M. Holwell & Dow fut écrit il y a près de cinquante fiècles, ce font les péchés mortels qui font au nombre de dix, & la vertu eft peinte avec dix bras pour les combattre. C'eft cette image de la vertu que les miffionnaires ont prife pour l'image du diable.

» rance, & la hauteur qui eſt l'eſpoir
» de la félicité. »

Mon ami obſerve encore (obſervez bien ceci vous-mème, monſieur ou meſſieurs, que ce mauvais goût auquel St. Auguſtin s'abandonna quelquefois, ne déroba rien à ſon éloquence, à ſon jugement ſolide, & ſur-tout à ſa piété. Oui, mes chers Juifs, tout a été type, emblème, figure, prédiction dans vos avantures, vous êtes types vous-mêmes. Vous êtes nos précurſeurs; mais le ſerviteur qui porte le flambeau, & qui marche devant ſon maître ne doit pas ſe croire ſupérieur à lui.

XLII.

Des gens qui vont tout nuds.

Vous revenez encore à nous dire qu'un voyant, * un nabi très-recommandable, ne prêcha point tout nud, mais qu'il

---

* Eſaïe.

était en veste. Et je reviens à vous dire qu'il prêcha tout nud, que c'était un prodige, un type. *Comme mon serviteur a marché tout nud & sans souliers pour un type & un prodige sur l'Egypte & sur l'Ethiopie, ainsi le roi des Assiriens emmenera captifs d'Egypte & d'Ethiopie, jeunes & vieux, nuds, déchaux, fesses découvertes.* En effet si le voyant avait marché & prêché en veste, où aurait été le prodige extraordinaire, le type !

Vous ajoutez que l'anglais Tyndal a prétendu que David avait dansé tout nud devant l'arche. Je n'ai point lu Tyndal, je le condamne s'il l'a dit. Car David en dansant portait un Ephod de lin, une espece de camisole de linge ; il est vrai qu'il n'avait point de culottes, les Juifs n'en portaient point. Il est vrai aussi que Michol sa femme lui reprocha d'avoir en dansant *montré tout ce qu'il portait aux servantes, en se mettant tout nud comme un boufon ; & que David lui répondit : oui, je danserai, & j'en serai plus glorieux devant les fervantes.* II. Rois Chap. 6. Cela peut faire croire qu'il relevait trop haut fa tunique en danfant, mais non pas qu'il s'était mis abfolument nud. C'eft furquoi, monfieur, je vous demande la permiffion de répéter ce que j'ai dit fouvent d'après mon ami, car vous favez que j'aime à me répéter; faut-il fe harpailler fe quereller, s'injurier, fe pourfuivre pour décider fi un certain homme avait des culottes il y a deux mille huit cent vingt-cinq années felon Denys le Petit. ?

XLIII.

D'une Femme de Fornication.

Voulez-vous encore difputer fur la proftituée que le Seigneur ordonna au profète Ofée de prendre ? *Prenez une femme de fornication, & faites des enfants de fornication, &c.* Je vous avoue que je fuis las de cette querelle, & qu'Ofée forniquera fans que je m'en mêle. Oui, monsieur, qu'Osée dise tant qu'il voudra qu'Ephraïm est un âne, & qu'il a fait des présents à ses amants ; *Onager solitarius sibi Ephraïm munera dedit amatoribus* ; que le commentaire de Calmet cite Pline, selon lequel certains ânes commandent despotiquement à des troupeaux d'ânesses, & coupent les testicules de leurs ânons (Osée Chap. 8.) En vérité cela ne doit pas troubler la paix des honnêtes gens.

XLIV.

D'EZÉCHIEL ENCORE.

Vous insistez toujours sur Ezéchiel ; vous supposez qu'il ne dormit sur le côté gauche 390 jours qu'en songe, qu'il ne se fit lier qu'en songe, qu'il ne mangea pendant plus d'un an son pain couvert d'excréments qu'en songe. Relisez donc le savant Calmet à qui vous vous en rapportez si souvent. Il est du sentiment de St. Jean Chrisostome, de St. Basile, de Théodoret, & de tous ceux qui expliquent la chose au pied de la lettre. Si tout cela, dit-il, ne s'était fait qu'en vision, en songe, comment ce profète aurait-il exécuté les ordres de Dieu? Il dit qu'il est très-possible qu'un homme demeure enchaîné & couché sur le côté trois cent quatre-vingt dix jours. & il cite l'exemple d'un fou qui demeura lié & couché sur le même côté pendant quinze ans. (Ezéchiel comment. Pag. 33. édition de Paris.)

X L V.

Des Profètes encore.

Messieurs les Juifs, je crois comme mon ami, à toutes les proféties; & je vous déclare que mon ami & moi nous y trouvons à chaque page le messie que vous n'y trouvez jamais. Et vous Mr. G***. si vous êtes chrétien, je vous déclare que vous ne parviendrez pas à nous faire condamner comme errants dans la foi. Nous fommes foumis à toutes les décifions de l'églife, & nous fuppofons que vous l'êtes auffi. Mais vous manquez de charité.

Par ma foi je crois que vous vous êtes trompé en tout. Par ma charité je vous pardonne les accufations dont vous chargez mon ami, pourvu qu'elles n'aient point d'effet. Par mon efpérance je me flatte que vous viendrez à réfipifcence.

XLVI.

Accusation légére.

Vous accufez mon ami d'avoir dit que le commun des Juifs apprit à lire & à écrire dans Babilone, & d'avoir dit enfuite que ce fut dans Alexandrie.

Si dans quelqu'un de fes ouvrages que je ne connais pas, quelque copifte ou quelque tipografe a fauté une ligne & a mal placé le mot d'Alexandrie, il y a une malignité puérile à charger l'auteur d'une telle faute d'impreffion,

& c'eſt ce qui vous arrive trop ſouvent. Si cette erreur ne ſe trouve pas chez mon ami, il y a une malignité d'homme fait à l'en accuſer, & une grande perte de tems à fatiguer le public de ces miſères. Une de nos grandes ſottiſes à nous autres barbouilleurs de papier, c'eſt de croire que le public prend le même intérêt que nous aux inutilités qui nous occupent.

XLVII.

De l'Ame et de quelques autres choses.

Je vais entrer autant que je le puis dans la grande queſtion qui intéreſſe tous les hommes, & qui a partagé tous les philoſophes depuis environ trois mille ans. Il s'agit de ſavoir ſi nous avons une ame, ce que c'eſt que cette ame, ſi elle exiſte avant nous de toute éternité dans le ſein de l'être des êtres; ſi elle exiſte éternellement après nous;

si c'est par sa propre nature ou par une volonté particulière de son créateur ; si elle est une substance ou une faculté ; s'il y a des différences spécifiques entre les ames ou si elles se ressemblent toutes ; si elles tiennent une place dans l'espace ; si elles arrivent chez nous pourvues de pensées ou si elles ne pensent qu'à mesure, &c. &c. &c.

Mon ami & moi nous commençons par attester le Dieu vivant, car ce grand objet est digne d'une telle attestation, nous le prenons dis-je, à temoin, que nous croyons ce que nous enseigne notre religion chrétienne. Nous vous le disons à vous, soit que vous soyez Juifs pharisiens, ou Juifs saducéens, Juifs allemands, ou Juifs portugais. A vous Mr. G***. leur secrétaire chrétien par hazard, soit que vous soyez thomiste ou janséniste, ou moliniste, ou frère morave servant Dieu auprès d'Utrecht. Si vous me demandez ce que c'est précisément qu'une ame, nous vous répondons ce que mon ami a dit tant de fois; nous n'en savons rien.

Il lève au ciel les yeux, il s'incline, il s'écrie ; Demandez-le à Dieu qui nous donna la vie.

Mon ami a sçu par cœur tout ce que dit St. Thomas d'Aquin dans sa Somme. Cet Ange de l'école distingue l'ame en trois parties d'après les Péripatéticiens ; l'ame sensitive, l'ame des sens, *Psiché* dont Eros fils d'Aphrodite fut amoureux chez les Grecs ; l'ame végétative, *Pneuma*, soufle, qui donne le mouvement à la machine ; l'ame intelligente, *Nous*, entendement, & chacune de ces parties est encore divisée en trois autres. Ainsi péripatétiquement parlant cela composerait neuf ames à bien compter.

Long-tems avant lui St. Irenée dans son liv. 5. Chap. 7, dit » que l'ame n'est
» incorporelle que par comparaison avec
» le corps mortel, & qu'elle conserve la
» figure de l'homme (après la mort) afin
» qu'on la reconnaisse.

Tertullien dit dans son discours *de anima*, Chap. 7. » La corporalité de l'ame » éclate dans l'Evangile, car si l'ame » n'avait pas un corps, l'ame n'aurait » pas l'image du corps.

Tatien dans son discours contre les Grecs, dit : » l'ame de l'homme est com- » posée de plusieurs parties.

St. Hilaire dit dans son commentaire sur St. Matthieu : » il n'est rien de créé » qui ne soit corporel, ni dans le ciel, » ni sur la terre, ni parmi les visibles, » ni parmi les invisibles ; tout est formé » d'éléments, & les ames, soit qu'elles » habitent dans un corps, soit qu'elles » en sortent, ont toujours une substance » corporelle. »

St. Ambroise dans son discours sur Abraham, dit : » nous ne connaissons » rien d'immatériel excepté la vénérable » Trinité. »

Mon ami avoue que ces saints étaient tombés dans une erreur alors univer- selle ; ils étaient hommes, dit-il, mais ils ne se tromperent pas sur l'immortalité de l'ame, parce qu'elle est évidemment annoncée dans les Evangiles.

Comment expliquerons-nous St. Augustin, qui dans le livre 8. de la Cité de Dieu s'exprime ainsi : „ Que ceux-là se
» taisent qui n'ont pas osé, à la vérité,
» dire que Dieu est un corps, mais qui
» ont cru que nos ames étaient de même
» nature que lui. Ils n'ont pas été frappés
» de l'extrème mutabilité de notre ame,
» qu'il n'est pas permis d'attribuer à la
» nature de Dieu. »

Mon ami a soutenu d'après tous les véritables savants, que l'auteur du Pentateuque n'a jamais parlé expressément ni de l'immortalité de l'ame, ni des récompenses, ni des peines après la mort. Rien n'est plus vrai, rien n'est plus démontré. Tout était temporel, comme le dit si énergiquement le grand Arnaud : » C'est le comble de l'ignorance
» de mettre sans doute cette vérité qui
» est des plus communes, & qui est

» attestée par tous les pères, **que les**
» promesses de l'ancien Testament n'é-
» taient que temporelles & terrestres,
» & que les Juifs n'adoraient Dieu que
» pour les biens charnels,&c. Apologie de
» Port-Royal. „ Et c'est en quoi sur-tout,
messieurs les Juifs, notre religion l'emporte sur la vôtre autant que la lumière l'emporte sur les ténèbres. Dès que notre législateur a paru, l'immortalité de l'ame a été constatée, soit qu'on crût l'ame corporelle, soit qu'on la crût d'une autre nature.

Il est certain que les Persans, les Caldéens, les Babiloniens, les Siriens, les Crétois, les Egyptiens, & sur-tout les Grecs admirent avant Homère la permanence des ames, & que le Pentateuque n'annonce ce dogme en aucun endroit.

Vous vous épuisez en déclamations, vous faites de vains efforts pour tâcher de vous persuader que le mot hébraïque *Sheol*, qui signifie la fosse, le souter-

rain, pouvait auſſi à toute force ſigni‑
fier, l'Hadès des Grecs, l'Amentes, le
Tartarot des Egyptiens. Ah! meſſieurs,
d'auſſi grandes, d'auſſi terribles vérités
ne ſont pas faites pour être devinées à
l'aide de quelques ſubtilités, de quel‑
ques explications forcées. Elles doivent
être plus claires que le jour, *Luce cla‑
riores*.

Certainement ce n'eſt pas dans l'é‑
criture ſainte que vous trouverez votre
prétendue diviſion du monde en trois
parties, les cieux qui étaient la demeure
du Très-haut, la ſurface de la terre, &
le creux de la terre qui était l'enfer;
encore oubliez-vous l'océan qui eſt plus
étendu que l'hémiſphère habitable. Pou‑
vez-vous, meſſieurs, avancer de pareilles
chimères rabiniques, & combattre dans
mon ami des vérités ſi reconnues?

Quoi! vous voulez prouver que les
anciens Juifs admettaient un enfer &
un royaume des cieux; & votre preuve
eſt que dans l'Exode Dieu aparait à Moïſe

dans un buisson ardent ! Juifs & Secrétaires Juifs, souvenez-vous à jamais de St. Jérôme ; il vous dit dans sa lettre : *l'Evangile me promet la possession du royaume des cieux dont il n'est pas fait la moindre mention dans vos écritures.*

Tournez-vous de tous les sens, messieurs les Juifs, vous ne trouverez chez vous aucune notion claire ni de l'enfer ni de l'immortalité de l'ame. Il n'y a que deux passages en faveur de la permanence de l'ame, c'est dans le second livre des Maccabées. Mais de grace, songez que vos Héros Maccabées ne vinrent que plusieurs siècles après votre loi, & que l'histoire des Maccabées écrite en grec pour des hébreux, ne parut que long-tems après ces héros. Souvenez-vous des fortes objections renouvellées si souvent contre la véracité de ce livre. Vous savez qu'on a détruit l'autenticité des deux derniers dans notre église, & que les deux premiers font déclarés apocrifes dans les autres communions.

Sans entrer dans ce détail, messieurs, il nous suffit que ce soit à l'Evangile que nous devions la connaissance de l'immortalité de notre ame, & des peines & des récompenses après la mort. Ces dogmes à la vérité étaient reçus alors des autres nations, mais ils ne font démontrés que par notre sauveur.

Vous tirez en faveur de l'ame immortelle, une induction aussi ingénieuse que plausible de ces paroles si connues, *il fit l'homme à son image*. Car dites-vous, ce n'est pas le corps qui ressemble à Dieu, c'est l'intelligence. Nous croyons cette vérité, mais elle n'est pas exprimée dans le texte. Si l'auteur de la Genèse avait daigné tirer la même conséquence, il est clair qu'il aurait constaté irrévocablement ce grand dogme; & c'est précisément parce qu'il ne l'a pas fait, messieurs, que nous sommes en droit de dire qu'il laissa le tems à cette grande vérité d'être annoncée par un plus grand maître que lui.

Toute l'antiquité, excepté les Bracmanes & les Chinois, croyait que le corps de l'homme était fait à l'image de la divinité ; *Finxit in effigiem moderantum cuncta deorum.* Ou plutôt l'antiquité faisait les dieux à l'image de l'homme. Vous trouverez cette erreur bien exprimée dans des vers de Xénophon le Colophonien, cités par St. Clément d'Alexandrie le plus savant des pères grecs. En voici le sens dans de mauvaises rimes que je vous prie de me pardonner.

On ne pense qu'à soi, l'amour propre est sans bornes,
Dieu même à leur image est fait par les humains.
  Si les bœufs avaient eu des mains,
  Ils le peindraient avec des cornes.

C'est cette faiblesse de rapporter tout à nous-mêmes qui fit croire à tant de peuples que Dieu avait une femme & des enfants. On le peint souvent comme un géant énorme. Orphée lui-même dont les véritables fragments ne se trouvent que chez Clément d'Alexandrie, parle ainsi de Dieu.

Sur un grand trône d'or il siège en souverain
 Au haut de la voûte étoilée.
 Sous ses pieds la terre est foulée;
Il tient l'océan dans sa main.

Ces imaginations si boursouflées & si chetives n'ont été que trop imitées par d'autres nations. On a toujours voulu figurer aux yeux l'être invisible, éternel, incompréhensible, & ses ministres célestes qui se dérobent comme lui à notre vue. C'est ainsi que les Juifs eurent deux chérubins dans le sanctuaire de leur temple, & leur donnerent des têtes monstrueuses d'hommes & de veau, avec des aîles aux épaules & à la ceinture. C'est ainsi que nous autres qui avons moins d'imagination, nous nous contentons de peindre Dieu avec une longue barbe.

Il est vrai que les vers de l'ancien Orphée cités par mon ami dans la philosophie de l'histoire au chapitre de Cérès Eleusine, sont bien plus simples & plus sublimes. Je vous le répète, monsieur ou messieurs, parce qu'il faut répéter des choses que tout le monde devrait savoir par cœur ; c'est la prière ou l'hymne d'Orphée que l'Hiérofante chantait à l'ouverture des mystères.

Marchez dans la voie de la justice ; adorez le seul maître de l'univers, il est un, il est seul, il est par lui-même ; tous les êtres lui doivent leur existence, il agit dans eux & par eux ; il voit tout & jamais il n'a été vu des yeux mortels.

On demandera peut-être comment Orphée pût parler en cet endroit avec une enflûre qui n'appartient qu'au père le Moine, ou au carme auteur du poëme de la Magdelaine ? Je répondrai ingénûment qu'il y a des inégalités chez tous les hommes.

Cicéron, messieurs, vous l'avouez,

a dit dans ses Tusculanes, que toutes les nations admettent la permanence des ames, & que leur consentement est la loi de la nature. J'en conclus, messieurs les Juifs, qu'on peut reprocher à vos ancêtres un peu de grossièreté pour n'avoir pas connu ce que tous leurs voisins connaissaient.

Mais permettez-moi de vous dire que celui qui vous a fourni le passage de Cicéron l'a un peu dénaturé. Cicéron dit dans la Ire. Tusculane, liv. I. *Quod si omnium consensus naturæ vox est, omnesque consentiunt esse aliquid quod ad eos pertineat qui vitâ cesserint, nobis quoque id existimandum est.* (L'abbé d'Olivet traduit Page 90.) Puis donc que le consentement de tous les hommes est la voix de la nature, & que tous conviennent qu'après notre mort il est quelque chose qui nous intéresse, nous devons aussi nous rendre à cette opinion.

Mais de quoi s'agit-il dans cet endroit? de l'amour de la gloire dont tous les hommes font épris, & qui était la grande paſſion de Cicéron. Cicéron veut nous faire entendre que nous avons tous la faibleſſe de nous intéreſſer à ce qu'on dira de nous quand nous ne ſerons plus & que notre imagination embraſſe ce fantôme qui eſt ſon ouvrage.

On aurait dû vous dire que Cicéron dans la moitié de ce dialogue ſur la mort, qui eſt le premier des Tuſculanies, ſoutient l'opinion alors commune que les morts ne peuvent ſouffrir. Il ſe moque de ſon auditeur qui dit, qu'il eſt fâcheux d'être mort : c'eſt dire lui répondit-il, qu'un homme qui n'exiſte pas exiſte. Puis il lui cite un vers d'Epicharme, & le tourne en latin.

Emori nolo, ſed me eſſe mortuum nihil æſtimo.

Ce que l'abbé d'Olivet rend ainſi en français,

Mourir peut être un mal, mais être mort n'eſt rien.

Il ſoutient l'anéantiſſement de l'homme dans le commencement de l'ouvrage, & la permanence de l'ame à la fin.

Vous me direz que Cicéron se contredit, mais c'est le privilège des philosophes de l'académie : & vous savez que Cicéron était académicien. On a pu vous faire lire son oraison pour Cluentius où vous avez vu ces paroles, *quel mal lui a fait la mort ? à moins que nous ne soyons assez imbécilles pour croire des fables ineptes, & pour imaginer qu'il est condamné au supplice des pervers. Mais si ce sont là des chimères, comme tout le monde en est convaincu, de quoi la mort l'a-t-elle privé? sinon du sentiment de la douleur.*

Nam nunc quid tandem mali mors illi attulit ? nisi fortè ineptiis ac fabulis ducimur, ut existimemus illum apud inferos impiorum supplicia perferre ? Quæ si falsa sunt, id quod omnes intelligunt, quid ei tandem aliud mors eripuit præter sensum doloris ?

Vous voyez que le dogme de la permanence de l'ame tant chanté par Homère, tant fuppofé par Platon, était bien obfcurci dans l'empire romain.

On vous aura dit fans doute, meſſieurs, que tout le fénat penfait alors comme Cicéron. On vous aura conté que Céfar penfait de même & s'en expliquait avec la plus grande hauteur. On vous aura parlé de fon aventure avec Caton en pleine audience, lorfqu'il fauva la vie à Catilina, en repréfentant que fi on fefait périr Catilina ce ne ferait pas le punir, parce qu'il n'aurait plus de fentiment, & que tout meurt avec l'homme.

Les Romains vers ce temps-là renoncerent tellement aux opinions de leurs ancêtres & des Grecs leurs maîtres, que St. Clément le romain dans le premier fiècle de notre églife, commence fon livre des récognitions ou reconnaiffances par un doute fur l'immortalité de l'ame. Il avoue qu'il prit la réfolution d'aller en Egypte apprendre la nécromantie, la magie, pour s'inftruire à fond fur l'ame.

Il est donc, ce me semble, bien certain, messieurs les Juifs, vous qui respectiez tant les Suducéens ennemis de l'immortalité de l'ame, il est bien démontré que nous avions besoin de la révélation pour nous instruire sur un sujet si intéressant. Ce n'était pas assez d'un Socrate & d'un Platon, il nous fallait un plus grand homme.

Je ne vous parle pas ainsi pour vous reprocher le crime que vous avez commis envers ce plus que grand homme. Je me plais à croire que vous ne descendez pas de ces fanatiques qui criaient en leur patois comme on a crié ailleurs en tant d'occasions, tollé, tollé. Je présume que vous êtes Portugais, & que vos ancêtres s'établirent vers les Algarves du tems de Moyse, lorsque plusieurs Juifs suivirent les Tyriens qui vinrent faire exploiter les mines d'or & d'argent des Espagnes.

Je vous ai déja dit que loin d'être votre ennemi, je suis votre généalogiste. Je suis persuadé très-sérieusement que votre race pouvait être établie en Andalousie & dans l'Estramadoure avant les Cartaginois, avant les Romains; & que par conséquent elle ne put être instruite de ce qui se passa du tems de l'empereur Tibère, vers le torrrent de Cédron qui est à sec six mois de l'année. Si mon ami, en qualité de chrétien, a qualifié de détestables les gens de Jérusalem, qui supposé qu'ils parlassent grec au préteur Pilatus romain, s'écriérent selon St. Matthieu, *Staurodeito, Staurodeito, aima autou eph' eimas Kai epi ta tekna eimou*: Crucifiez, crucifiez, que son sang soit sur nous & sur nos enfants. Certainement si vos aïeux étaient alors dans la Bétique, ou dans le canton de Sétubal si fameux pour son vin, ils ne pouvaient être coupables de ce crime.

PERORAISON

à Mr. G. Secrétaire des Juifs.

Je suppose, monsieur, que vous êtes enterré, & que moi & mon ami nous le sommes aussi. Nous comparaissons tous deux devant celui qui seul a révélé au genre humain l'immortalité de l'ame, la résurrection, & le jugement dernier. Vous lui dites : Seigneur, nous n'avions nul besoin de vous, nous savions tout cela avant que vous vinssiez au monde. Mon ami & moi nous lui disons, nous n'en savions rien, nous vous devons toutes nos connaissances : or qui croyez-vous qui sera mieux reçu ?

DE QUELQUES NIAISERIES.

Après avoir jetté deux volumes à la tête de mon ami, monsieur, ou messieurs, vous venez le battre à terre dans un troisième ; il est écrasé & vous venez encore le percer de coups dans un petit commentaire. Voyons si à l'exemple du samaritain rapporté dans l'Evangile, je ne pourai pas, après avoir secouru le voyageur baigné dans son sang, le défendre des mouches qui viennent y goûter.

PREMIERE NIAISERIE.

Sur le Kish Ibrahim.

Vous pouvez parier que mon ami qui a cité Hide sur l'ancienne religion des Perses, n'a jamais lu Hide. Ne voilà-t-il pas un sujet de dispute bien intéressant, bien utile ! Un vieillard retiré entre les hautes Alpes, a-t-il lu un livre très-confus d'un anglais, écrit en latin ? Oui, monsieur, il l'a lu & moi aussi, & je n'y ai guère profité.

Vous voulez bien convenir que l'ancienne religion des Perses s'appellait Kish Ibrahim, Millat Ibrahim, culte d'Abraham ; vous l'avez appris de mon ami, & vous ne devez pas rougir, tout favant que vous êtes d'avoir appris une chofe très-indifférente d'un homme moins éclairé, mais plus vieux que vous. Et quand je vous dirai que felon des gens plus inftruits que moi, Kish Ibrahim vient de l'arabe, & Millat Abraham ou Ibrahim, vient de l'ancienne langue des Mèdes, je ne vous dirai une chofe ni bien sûre, ni bien importante.

DEUXIEME NIAISERIE.

Sur Zoroastre.

Hide rapporte Pag. 27 & 28, que les anciens Perfes ont cru qu'un vieux livre qui contenait leur religion reformée, était tombé du ciel entre les mains d'Abraham dans le territoire de Balk, du tems de Nembrod, & je le croirai avec vous fi vous voulez. Puis il répéte des contes de Plutarque, comme par exemple, que la reine Ameftris dans ses dévotions fesait enterrer douze hommes vivants & les envoyait en enfer pour le salut de son ame.

Puis il se met en colère (Page 32) contre l'empereur Alexandre Sevère, qui suivant un rêveur du bas empire nommé Lampridius, avait dans son oratoire le portrait d'Abraham, d'Orphée, d'Appollonius de Thiane, & de Jesus-Christ, peints sans doute très-ressemblants.

Ensuite (Pag. 82 & suivantes) il fait le roman d'Abraham qui ayant vaincu le grand roi de Perse, & quatre autres puissants rois, avec trois cent gardeurs de brebis, abolit en Perse l'antique religion du sabisme. Voilà donc Abraham auteur d'une nouvelle religion des Perses, & c'est lui qu'il faut regarder comme le vrai Zerdust, le vrai Zoroastre ; car le premier avait vécu six mille ans auparavant, & le dernier Zoroastre ne parut que sous Darius fils d'Histaspe, quinze cents ans après

Abraham. Ce font là des faits avérés; demandez à Mr. Larchet mon autre ami.

Ce roman reſſemble aſſez à celui qu'a fait depuis un Ecoſſais nommé Ramſai précepteur d'un duc de Bouillon, ſur les voyages de Cirus.

TROISIEME NIAISERIE.

Du Sadder.

C'eſt à vous ſeul, monſieur le ſécrétaire des Juifs que je m'adreſſe ici. Vous nous objectez la déciſion d'un ſavant qui a eu le courage d'aller chercher des inſtructions au fond de l'Aſie, à l'exemple de Pithagore; il fait peu de cas des écrits attribués à Zoroaſtre; il dit qu'ils ſont remplis de petiteſſes d'eſprit, qu'ils ſont fades, ridicules, auſſi mal raiſonnés que l'alcoran & auſſi dégoûtants que le Sadder.

Je vous abandonne, monſieur le Zenda Veſta de Zoroaſtre, que je ne connais point, & l'alcoran que je connais. Mais permettez que je prenne le parti du Sadder qui est le catéchisme des Parsis modernes que nous nommons Guèbres. Il est divisé en cent portes par lesquelles on entre dans le ciel. En voici quelques-unes ; entrez Monsieur.

PORTE IVe. Zoroastre se promenant un jour avec Dieu auprès de l'enfer, vit un damné auquel il manquait un pied. C'est un roi, lui dit Dieu, qui régnait sur trente trois villes, & qui n'a jamais fait que des actions tyranniques ; mais un jour il apperçut une brebis qui était liée trop loin de son herbe, il lui donna un coup de pied pour l'en rapprocher ; c'est le seul bien qu'il ait jamais fait. J'ai mis son pied en paradis, & son corps en enfer.

Mon ami que vous vilipendez tant que vous pouvez, avait, il y a plus de dix ans, écouté à cette porte ; il l'avait citée dans plusieurs de ses ouvrages ; car il aime à répéter pour inculquer. Vous voyez bien, monsieur, qu'il avait lu ce Sadder, & qu'il n'avait pas pris un livre pour un homme. Mr. l'abbé Foucher peut avoir lu le Sadder, mais mon ami possède son Sadder aussi. Il est vrai qu'il a pris un peu de liberté avec le texte sacré Guèbre; il a mis un âne pour une brebis, afin de rendre la chose plus vraisemblable; car on lie un âne à sa mangeoire, & on ne lie guère une brebis.

PORTE IXe. La pédérastie est un crime abominable, &c. Il est défendu par le Zend, il révolte la nature. *Mon ami cita encore cette porte pour prouver que les Romains souillés de cette infamie tant célébrée par Horace, avaient grand tort de dire qu'elle était recommandée par les loix de la Perse.* Mon ami se servit de cette Porte contre Mr. Larchet qui croyait cette vilenie plus permise qu'elle ne l'était.

PORTE XIIIe. Chérissez votre père & votre mère.... que toute la famille soit contente de vous, afin qu'elle vous bénisse éternellement.

Cette Porte semble avoir quelque chose de plus fort, si on ose le dire, que ce commandement, *Honore ton pere & ta mere afin de vivre long-tems sur la terre.*

PORTE XIXe. Mariez-vous dans votre jeunesse..... car à la mort quand il faudra passer sur le pont aigu, vous serez trop heureux d'avoir un fils qui vous donne la main pour passer.

PORTE XXIIe. Ne mangez jamais votre pain sans prier le Dieu qui vous le donne.

PORTE XXVe. Gardez-vous de jeûner un jour entier, notre vrai jeûne est de nous abstenir du mal.

Cette Porte se retrouve dans les recognitions de St. Clément le romain.

PORTE XXVII. Demandez pardon à Dieu de vos fautes en vous couchant.

PORTE XXVIIIe. Quand vous aurez fait un marché ne vous en repentez point, & ne songez qu'à le remplir.

PORTE XXXe. Quand vous doutez si ce que vous allez faire est juste ou injuste, abstenez-vous.

C'est la plus belle maxime qu'on ait jamais donnée en morale, & mon ami l'a répétée il y a long-tems dans plusieurs de ses ouvrages pour l'édification du prochain.

PORTE XXXVe. Quand vous êtes à table donnez à manger aux chiens.

Ce précepte apprend qu'il ne faut pas craindre de faire des ingrats.

Voilà assez de portes.

Je ne nie pas qu'il n'y eût dans ce catéchisme des Parsis, beaucoup de verbiage & de galimathias. J'ai été forcé d'abréger chaque article. Si on s'arrêtait à toutes ces Portes on périrait d'ennui avant d'entrer dans le paradis de Zoroastre : j'ose en dire autant de l'alcoran. Nous autres européans nous ne pouvons supporter la bavarderie orientale; mais les bonnes femmes guèbres, & les bonnes femmes turques apprennent ces fottifes par cœur, & les récitent avec dévotion.

Je dis feulement que depuis le Japon jufqu'au bord occidental de la Laponie, on ne vit & on ne verra jamais de légiflateur qui ne donne de bons préceptes, & qui ne prêche quelquefois une vertu févère. Ainfi je ne regarde point ce que je viens de dire comme une niaiferie. Pardon, meffieurs, c'était à la vôtre que je répondais.

Ce n'eft pas que je vous prenne pour des niais, vous êtes des gens d'efprit un peu malins ; mais en confcience, la plupart de nos fujets de difpute font des niaiferies.

QUATRIEME NIAISERIE.

SUR L'AGE D'UN ANCIEN.

Monfieur ou meffieurs, vous me fatiguez furieufement avec votre éternelle répétition fur l'âge d'Abraham. Je n'imiterai pas celui qui vous dit : allez chercher son extrait batistaire : je vous dirai seulement que selon le calcul de l'ancien testament, son père Tharé ou Tharat *vécut soixante & dix ans & engendra Abram, Nacor & Aran*, que selon le même texte il vécut deux cent cinq ans & mourut à Haran ; qu'Abraham alors reçut de Dieu un ordre exprès de quitter son pays.

Or, son père l'ayant eu à 70 ans, & étant mort à 205, qui de 205 retranche 70, reste 135. Si malheureusement le texte dit ensuite : *Abram avait soixante & quinze ans lorsqu'il partit de Haran ou de Kharran*, ce n'est pas ma faute. St. Jérôme & St. Augustin disent que cela est inexplicable. Je ne l'expliquerai donc pas, je n'en fais pas plus que ces deux saints, ni que vous.

Dites qu'il y a dans le texte erreur de copiste, dites avec don Calmet qu'Abraham pourait bien être né la cent trentième année de son père, & être le cadet de ses frères, au lieu qu'il était l'aîné. Tout cela m'est indifférent.

CINQUIEME NIAISERIE.

SUR L'AGE D'UNE ANCIENNE.

Vous citez à tout moment je ne sais quels livres que vous imputez à mon ami, & que ni lui ni moi ne connaissons. Ce serait une calomnie horrible si cela était sérieux ; mais je ne la regarde que comme une niaiserie. Vous soutenez que Sara était très-belle à l'âge de soixante cinq ans lorsqu'elle entra dans le serrail du Pharaon d'Egypte. Vous accusez mon ami d'avoir imprimé qu'elle en avait soixante & quinze. Si vous avez une maitresse de cet âge, je lui en fais mon compliment ; mais non pas à vous.

SIXIEME NIAISERIE.

SUR UN HOMME À QUI SA FEMME VALUT D'ASSEZ GRANDS PRÉSENTS.

Vous croyez qu'Abraham ayant fait passer sa belle femme pour sa sœur, en Egypte, *afin qu'il lui fût fait du bien à cause d'elle*, selon le texte, on ne lui fit pas assez de bien en lui donnant beaucoup de bœufs, d'ânes, d'ânesses, de brebis, de chameaux, de serviteurs & de servantes : pour moi je trouve que le roi d'Egypte le paya très-bien, & que vous êtes trop cher.

SEPTIEME NIAISERIE.

SUR L'ARGENT COMPTANT.

Vous dites donc, monsieur, qu'il faut de l'argent comptant au mari d'une belle dame, & que le présent du roi n'était que celui d'un coq de village. Cependant, des troupeaux de chameaux, de bœufs & d'ânes, des esclaves de l'un & de l'autre sexe valent beaucoup d'argent. Vous vous plaignez qu'autrefois on ait imprimé je ne sais où, chevaux pour chameaux, voilà bien de quoi crier ; un beau cheval coûte autant, & plus même qu'un beau chameau.

Mon ami, dites-vous, pense que les piramides étaient déja bâties : de-là vous concluez que le roi d'Egypte devait donner au mari de la belle Sara des sacs énormes de guinées, de la vaisselle d'or & des diamants. Doucement, monsieur, il y avait dans ce tems-là de belles pierres pour bâtir des piramides, & point de monnoie d'or ; tout le commerce se fesait par échange, on n'avait encore fabriqué ni ducats ni guinées ; vous savez que la premiere monnoie d'or fut frappée sous Darius fils d'Hiftafpe qui punit si bien les prêtres du collège de Zoroaftre : allez, vous vous moquez, le préfent du roi était magnifique.

HUITIEME NIAISERIE.

Sur l'Egypte.

Vous êtes tout étonné que les Egyptiens aient été lâches, superstitieux, absurdes, très-méprisables, après avoir servi en esclaves vigoureux à élever des tombeaux en piramides pour leurs rois & pour les intendans des provinces. Il est très-vrai, Monsieur, & Messieurs, que les Egyptiens sont devenus le plus chétif peuple de la terre après un autre.

Il est très-vrai qu'il a toujours été subjugué par quiconque s'est voulu donner la peine de le battre, excepté par nos fous de croisés. Il est très-vrai qu'Isis & Osiris ne leur ont jamais servi de rien, non plus que les philactères des pharisiens ne les ont servi contre les Romains. Il est très-vrai que Sésostris n'a jamais songé à courir comme un fou avec vingt-sept mille chars de guerre pour aller conquérir toute la terre, depuis les Indes jufqu'au Pont-Euxin & au Danube.

NEUVIEME NIAISERIE.

SI SODOME FUT AUTREFOIS UN BEAU JARDIN.

N'eſt-ce pas une niaiſerie de ſuppoſer que le lac Aſphaltide, la mer Morte était autrefois un jardin délicieux! Vraiment je vous conſeille d'y placer le paradis terreſtre.

Vous devriez mieux ſavoir votre Genèſe : elle ne dit point que Sodome fût changée en un lac ; elle dit au contraire » qu'Abraham s'étant levé de grand ma- » tin vint au lieu où il avait été aupa- » ravant avec le Seigneur, & jettant les » yeux ſur Sodome & ſur Gomore, & » ſur tout le pays d'alentour, il ne vit » plus rien que des étincelles & de la » fumée, qui s'élevait de la terre com- » me la fumée d'un four. » Ce n'eſt que par une fausse tradition qu'on nous a transmis la métamorphose des cinq villes en lac. Ce que je vous dis-là n'est pas niaiserie : je vous témoigne mon profond respect pour vos livres en les citant exactement ; & c'est ce que vous n'avez pas fait.

DIXIEME NIAISERIE.

Sur le désert de Guérar, ou Gérar.

Voulez-vous, messieurs, que nous fassions ensemble un petit voyage au désert effroyable de Guérar par-delà Sodome ? Mr. Broukana qui a passé par-delà dans la derniere guerre contre le Cheik Daher ne vous le conseille pas : il dit que c'est un des plus maudits cantons de l'Arabie pétrée. Vous croyez que c'est un pays charmant, & que les dames y conservent la fleur de leur beauté jusqu'à cent ans, parce qu'Abimelec roi de Guérar y fut amoureux de Sara qui en avait quatre-vingt dix ; & vous penſez que l'on eſt fort riche à Guérar, parce qu'Abimelec fit à Sara d'auſſi beaux préſents qu'elle en avait reçus du roi d'Egypte environ trente ans auparavant, en brebis, en garçons, en bœufs, en filles, en ânes, & qu'il lui donna encore mille écus en monnoie, quoiqu'il n'y eût de monnoie nulle part.

Faites le voyage ſi vous voulez; nous ne vous ſuivrons pas. Mon ami eſt plus vieux qu'Abraham & moi auſſi ; on ne va pas loin à notre âge. Envoyez plutôt à Guérar Mr. Rondet votre ami, l'auteur du journal de Verdun, qui fait qu'un kof vaut cent écus, & un mem quarante écus. Je crois qu'il ſe trompe, mais n'importe.

ONZIEME

ONZIEME NIAISERIE.

SUR LE NOMBRE ACTUEL DES JUIFS.

Meſſieurs les Juifs, vous dites à mon vieux camarade, *apparamment vous ne prétendez pas, quand nous battitions les Ammonites, quand nous nous emparions de l'Idumée, & que nous prenions Damas, que nous n'étions que quatre cent mille hommes*. Je vous demande pardon, meſſieurs, nous croyons que vous étiez en plus petit nombre quand vous ne prîtes point Damas, que vous vous vantez d'avoir pris. Nous penſons que vous n'êtes pas quatre cent mille aujourd'hui, & qu'il s'en faut près des trois quarts. Comptons.

Cinq cent chez nous, devers Metz; une trentaine à Bordeaux ; deux cent en Alſace ; douze mille en Hollande & en Flandre ; quatre mille cachés en Eſpagne, & en Portugal ; quinze mille en

G

Italie ; deux mille très-ouvertement à Londres ; vingt mille en Allemagne, Hongrie, Holstein, Scandinavie ; vingt-cinq mille en Pologne, & pays circonvoisins ; quinze mille en Turquie ; quinze mille en Perse. Voilà tout ce que je connois de votre population ; elle ne se monte qu'à cent mille sept cent trente Juifs. Je consens de vous faire bon de cent mille Juifs en sus, c'est tout ce que je puis faire pour votre service, les Parsis vos anciens maîtres ne sont pas en plus grand nombre. Vous voulez rire avec vos quatre millions.

Addition de mon ami.

« Leur secrétaire me dit que je suis
» fâché contr'eux à cause de la banque-
» route que me fit le Juif Acosta il y a
» cinquante ans à Londres : il suppose
» que je lui confiai mon argent pour ga-
» gner un peu de temporel avec Israël.
» Je vous proteste, messieurs, que je ne

» suis point fâché : j'arrivai trop tard
» chez Mr. Acosta ; j'avais une lettre de
» change de vingt mille francs sur lui :
» il me dit qu'il avait déclaré sa faillite
» la veille, & il eut la générosité de me
» donner quelques guinées qu'il pouvait
» se dispenser de m'accorder. Comptez,
» messieurs, que j'ai essuyé des banque-
» routes plus considérables de bons chré-
» tiens, sans crier. Je ne suis fâché con-
» tre aucun Juif Portugais, je les estime
» tous ; je ne suis en colère que con-
» tre Phinée fils d'Eléazar, qui voyant
» le beau prince Zamri couché tout
» nud dans sa tente avec la belle prin-
» cesse Cosbi, toute nue aussi, atten-
» du qu'ils n'avaient pas de chemise,
» les enfila tous deux avec son poignard
» par les parties sacrées, & fut imité par
» ses braves compagnons, qui égorgerent
» vingt-quatre mille amants, & vingt-qua-
» tre mille amantes, en moins de tems
» que je n'en mets à conter cette anecdote,
» car à mon âge je n'écris pas vite. »

DOUZIEME NIAISERIE.

Sur la Circoncision.

Vous jettez les hauts cris fur ce qu'un autre que mon ami a dit que la circoncifion d'Abraham, n'eut point de fuite. Non, monfieur, elle n'eut point de fuite. Non, monfieur, elle n'en eut point, puifque les Ifraëlites ne pratiquerent point la circoncifion en Egypte. C'était un privilège qui n'était alors réfervé qu'aux prêtres d'Ifis & aux initiés.

Oui, les Juifs qui moururent tous dans le défert, moururent incirconcis comme Mr. G***. & moi; mais il y a un livre inconnu que vous appellez Diction.... Philofo.... dans lequel l'auteur fe hafarde à dire que la colline des prépuces à Galgal, où Jofué fit circoncire deux ou trois millions de fes Juifs, était dans un défert auprès de Jérico. Qu'a de commun mon ami avec ce Galgal ? Il vous certifie que s'il y eut à Galgal une montagne composée de prépuces, comme il y a dans Rome le monte Teſtacio, compoſé de pots caſſés, il n'y prend pas le plus léger intérêt. Il vous certifie encore qu'il regarde comme des niaiſeries tout ce que des tipografes ſe ſont empreſſés d'imprimer, ſoit en conſultant des courtiers de librairie, ſoit en me les conſultant pas, ſoit en vendant les penſées d'un homme à eux inconnu, ſoit en ne les vendant pas. Il vous certifie pour la vingtième fois qu'il n'a point fait la plupart des niaiſeries, c'eſt-à-dire des livres que vous lui imputez ; & je vous jure qu'à ſon âge & au mien nous ne prenons aucun parti ni pour les nations prépucières, ni pour les nations déprépucées ; ni pour les châtrés, ni pour les entiers ; ni pour les voiſins du cap de Bonne-Eſpérance qui mettent une petite boule d'herbes fines à la place d'une des deux petites boules utiles que la nature leur a données.

On prodigue ce me semble, une bien vaine érudition pour deviner quel homme fut circoncis le premier ; qui prit le premier lavement ; qui porta la première chemise ; qui le premier avala une huître à l'écaille ; qui fut le premier vendeur d'orvietan, &c. &c.

TREIZIÈME NIAISERIE.

QUELLE FUT LA NATION LA PLUS BARBARE.

Vous nous dites, monsieur G***, sous le nom de six Juifs, que si les premiers hébreux étaient fort grossiers & très-ignorants, nos premiers Français l'étaient encore davantage.

Je serais bien embarassé s'il fallait vous dire qui étaient les plus barbares, ou les Francs du tems de Clovis, ou les Juifs du tems de Josué, & mon ami serait aussi embarassé que moi. Tous les peuples ont commencé par être à peu-près également cruels, voleurs, méchants, superstitieux & sots. Ce n'est point ici une niaiserie; c'est une triste vérité. Mais ce serait une niaiserie très-puérile de vouloir savoir précisément quel était le plus barbare ou ce fils de P..... Abimelek qui avant de juger le peuple de Dieu „ égorgea sur une grande pierre soixante & dix de ses frères, ou ces deux fils de Clovis, Childebert & Clotaire, qui massacrerent les deux petits-fils de Ste. Clotilde. Il semblerait qu'Abimelek fut soixante & huit fois plus abominable que Childebert & Clotaire ; mais on vous répondrait qu'il faut juger un homme par toutes les actions de sa vie, & non par une seule. On vous dirait encore qu'il faut lire dans le cœur, & cette entreprise serait assez niaise.

QUATORZIEME NIAISERIE.

LA NATION FRANÇAISE HONNIE PAR MR. LE SECRÉTAIRE.

Moisieur G***. secrétaire éloquent des Jufs, vous faites un portrait terrible de la cour & de la ville en peignant les mœurs juives du tems de la prospérité de ce peuple. Vous vous complaisez d'abord à décrier notre commerce & notre Compagnie des Indes; & à célébrer les grands établissements d'Elath & d'Eziongaber, par lesquels les Jufs qui n'eurent jamais un vaisseau, fésaient entrer chez eux les immenses trésors d'Ophir & de Tarsis, pays que personne ne connaît. Vous conduisez les richesses de l'univers dans Jérusalem par le port d'Eziongaber qui en est très-éloigné, & où les Turcs qui en sont les maîtres n'ont jamais un vaisseau, parce que ces bas-fonds sont plus impraticables que les lagunes de Venise.

Vous admirez la discrétion de Salomon, qui ayant hérité quelques milliards de son père, voulait encore acquérir quelques milliards en trafiquant à Ophir, & qui n'ayant pas une barque à lui en propre, empruntait des vaisseaux & des matelots de son ami Hiram roi de Tyr, lesquels vaisseaux traversaient toute la mer Méditerranée, cotoyaient l'Afrique, doublaient le cap de Bonne-Espérance pour venir servir la sagesse de Salomon.

Après avoir accumulé dans Jérusalem plus d'or, d'argent, d'ivoire, de parfums & de singes qu'elle n'en pouvait contenir, vous tombez à bras racourci sur tous les vices qui nâquirent de ces inconcevables richesses. Vous avez d'abord loué les Juifs de n'avoir eu chez eux ni opéras comiques, ni danseurs de corde, ni parades sur les boulevards. Vous les avez admiré de n'avoir point imité les Sophocles & les Euripides dont ils n'avaient jamais entendu parler. Et tout d'un coup fortant de cette niaiferie de panégiriques, vous allez prendre chez les profétes Ifaïe, Amos & Michée, tous les traits de fatire judaïque que vous croyez pouvoir retomber fur la nation Françaife. Si c'eft une niaiferie, elle eft très-éloquente : on ne peut à mon gré, déclamer plus hautement contre fon fiècle.

Cela me fait fouvenir de Mr. Broun brave théologien anglais. Il fit imprimer deux volumes contre les fottifes de fa patrie, au commencement de la guerre de 1756. Il démontra éloquemment dans ce livre intitulé, Tableau des mœurs anglaifes, qu'il était impoffible que l'Angleterre ne fût pas abimée dans deux ans. Qu'arriva-t-il ? l'Angleterre fut victorieufe dans les quatre parties du monde. J'en fouhaite autant à la France en réponfe à votre pieufe fatire ; je fais mieux, je fouhaite qu'elle n'ait point de guerre. J'aime mieux vivre fous des Salomons que fous des

Judas Maccabées. Mais croyez-moi, monsieur le secrétaire juif, ne comparez jamais Jérusalem à Paris; le torrent de Cédron ne vaut pas le **Pont-neuf**.

QUINZIEME NIAISERIE.

QUEL PEUPLE LE PLUS SUPERSTITIEUX?

Après avoir recherché quel fut autrefois le plus barbare de tous les peuples, vous examinez à présent quel fut le plus superstitieux, c'est-à-dire le plus sot. Je n'ai point de balances pour peser ainsi les nations. On pourrait vous répondre en général que le plus sot homme, comme le plus sot peuple, est celui qui dit & qui fait le plus de sottises; & alors il n'y aurait plus qu'à compter. Nous prendrions les historiens qu'on fait lire à la studieuse jeunesse; nous verrions chez qui l'on trouve le plus de façons de connaître l'avenir, soit à l'aide d'un psaltérion, soit avec un petit bâton recourbé, soit en donnant à manger à des poules. Nous verrions quelle nation a eu plus de métamorphoses, plus de forciers, plus de loups garous; dans quel pays on a vu plus de princes fouettés par des prètres; quelles archives poſsedent la fuite la plus complette de fadaiſes dégoûtantes & de contes, que la plus imbécille & la plus bavarde nourrice n'oſerait répéter aujourd'hui : *Nec pueri credunt niſi qui mundum ære lavantur.* Alors, on pourait haſarder de juger à qui l'on doit le prix de la ſottiſe, mais il ſerait trop dangereux de donner ce prix ; trop de gens y prétendent ; il vaut mieux laiſſer chacun jouir en paix de la juſtice qu'il ſe rend tout bas.

SEIZIEME NIAISERIE.

QUEL PEUPLE LE PLUS BRIGAND.

Vous demandez enſuite quel peuple a été le plus voleur, le plus brigand ? Et quand on vous repréſente ſelon votre propre déclaration que le peuple de Dieu vola neuf millions aux Egyptiens pour aller faire bonne chère dans des déferts, quand on vous dit qu'enfuite ce peuple de Dieu s'empara du pays de Canaan qui ne lui apartenait pas; vous prenez à partie mon ami qui n'a rien dit de cela. Vous lui adreſſez ces paroles foudroyantes : *vous traitez nos pères de brigands, qu'étaient les vôtres ?*

Je vous ai déja dit, monſieur le ſecrétaire, que ni moi, ni mon ami ne prétendons deſcendre d'un conquérant des Gaules; nous croyons être iſſus d'une famille de bons gaulois pacifiques.

Nous n'avons trouvé dans notre généalogie aucun coupe-jarret qui ait ſervi ſous le chrétien Clovis, quand ce brave converti força Cararic roi ou maire d'Arras, & le fils de Cararic à ſe faire ſoudiacres, & qu'il leur fit enſuite couper la gorge à tous deux; quand il fit marché avec Cloderic fils de Sigebert roi de Cologne pour affaffiner ce Sigebert fon père, & qu'il affaffina enfuite ce Cloderic parricide pour avoir fon argent; quand il fendit la tête à coups de hache à Ragnacaire roi de Cambrai & à fon frère Riker après foupé ; quand il affaffina Rignomer roi du Mans, &c. &c.

En vérité, on croit lire l'hiftoire de vos rois Achab, Jehu, Okofias..... Je ne croyais pas terminer cette feizième niaiferie par ces horreurs de Cannibales. Je voulais feulement contredire la généalogie qui nous fait defcendre des Francs mon ami & moi. Il faut éplucher avec vous tant de généalogies ! c'était-là une franche niaiferie ; mais Rignomer, Riker, Ragnacaire, Sigebert, Cloderic, Achab, Jéhu, Okofias..... fe font préfentés, & je fuis tombé à la renverfe.

DIX-SEPTIEME NIAISERIE.

SUR DU FOIN.

De l'examen du brigandage, & d'une controverse sur les assassinats, vous passez à des errata, & à des correcteurs d'Imprimerie. Vous vous plaignez qu'on ait imprimé Niticorax pour Nicticorax. Eh! qu'importe à mon ami, & que vous importe? il y a bien d'autres fautes d'impression dans les ouvrages immenses qu'on lui attribue, & qu'on a mis sous son nom ; c'est bien là une niaiserie misérable !

Je ne devrais point discuter comment il faut traduire ce verset du pseaume, *producens fœnum jumentis, & herbam servituti hominum.* Calmet traduit vous produisez le foin pour les bêtes, & l'herbe pour l'usage de l'homme : Saci traduit précisément de même. Je n'ai vu aucune traduction soit catholique, soit protestante, dans laquelle ce verset soit énoncé autrement: mon ami ne s'est écarté ni de Saci, ni de Calmet; il les estime tous deux; il ne les a point traité d'imbécilles, comme vous l'en accusez.

Vous venez ensuite, monsieur, & vous nous enseignez qu'il faut traduire; *du foin pour les bêtes, & de l'herbe pour les bêtes qui servent l'homme*: vous prétendez que le pléonasme est une figure admirable. Vous prononcez du haut de votre chaire de professeur, *l'herbe & le foin sont synonimes, prenez-y garde, les hommes ne mangent pas de foin.*

Non, monsieur, herbe & foin ne sont pas toujours synonimes, & il n'y a point de mots qui le soient. Les épinards, l'ozeille, la sariette, trente herbes potagères ne sont pas du foin; nos salades ne sont pas la nourriture des bêtes, mais de l'homme: il est vrai que l'homme ne mange pas de foin, mais il y eut bien des gens autrefois dignes d'en manger.

Si ce n'est pas là une extrême niaiserie, je m'en rapporte à vous-même.

DIX-HUITIEME NIAISERIE.

Sur Jean Chatel piacularis assassin de Henri IV; laquelle niaiserie tient à choses horribles.

Voici une calomnie odieuse dont le fond est une niaiserie puérile, & dont les accompagnements sont atroces.

Commençons par le puérile; *piacularis adolescens*, dites-vous, *ne signifie pas un jeune pénitent, un jeune homme qui expie, il signifie un jeune misérable.* Ouvrez les Etienne, les Calepin, les Scapula, tous les dictionnaires, monsieur le professeur, vous verrez que *piacularis* vient de *pio*, *piare* j'expie; en grec, *sebetai*.

Ce n'est-là sans doute, qu'un oubli de votre part; mais ce qui n'est que trop réfléchi, c'est que vous tirez ce mot, *piacularis*, de l'inscription gravée autrefois sur la colonne expiatoire, élevée par arrêt du parlement, à l'endroit où fut la maison de Jean Châtel, l'un des assassins de notre adorable Henri IV. Vous imputez ici à mon ami d'avoir raporté les paroles de cette inscription qui regardent les Jésuites & où se trouve ce mot *piacularis*. Voici les paroles latines qui désignent les jésuites, telles qu'elles sont dans le sixième tome des mémoires de Condé.

Pulso præsterea totâ Galliâ hominum genere novæ ac maleficæ superstitionis, qui rempublicam turbabant quorum instinctu piacularis adolescens dirum facinus instituerat.

La traduction française gravée à côté de la latine, portait : *en outre a été banni & chassé de toute la France ce genre d'hommes de nouvelle & pernicieuse superstition, qui troublaient la république, à la persuasion desquels ce jeune homme pensant faire satisfaction de ses péchés, avait entrepris cette cruelle méchanceté.*

Il est donc faux, monsieur, qu'on ait traduit dans le tems du supplice de Jean Châtel, *piacularis adolescens*, par jeune misérable, comme vous le dites : il est donc faux que *pénitent* soit un contre-sens.

Mais ce qui est encore plus faux, ce qui est bien pis qu'une niaiserie, c'est que vous calomniez mon ami de la manière la plus cruelle. Vous l'accusez d'avoir donné lieu à ce fatras de piacularis par un livre intitulé, *l'Evangile du jour*, dans lequel il s'éleve, (dites-vous) contre les jésuites : je lui ai écrit pour m'informer de cet Evangile du jour, & voici sa réponse.

» Non-seulement je n'ai aucune part
» à cet Evangile du jour, mais vous
» êtes le premier qui me le faites con-
» naitre ; je n'en ai jamais entendu
» parler. Je ne connais que les Evan-
» giles de toute l'année, les quatre
» Evangiles que tous ces calomniateurs
» ne suivent guères. Cet Evangile du

„ jour eſt aparamment quelque libelle „ pour ou contre les jéſuites, dont tout „ le monde parle : on appelle d'ordi- „ naire Evangile du jour, ou vaude- „ ville, les nouvelles qui n'ont qu'un „ tems ; mais je crois que la nouvelle » de l'abolition des jéſuites durera plus » de tems qu'ils n'ont ſubſiſté. „

Je ſuis flatté, monſieur le ſecrétaire, d'égayer la ſéchereſſe de cette diſpute, par une lettre de mon ami ; c'eſt une conſolation qu'il ne faut pas envier à mon cœur. Mais comment me conſo- lerai-je des calomnies dont vous ne ceſſez d'accabler un homme qui doit m'être cher ? Que vous a-t-il fait en- core une fois ? Etes-vous ex-jéſuite, êtes-vous ex-convulſionnaire, êtes-vous ex-chrétien, êtes-vous juif ? ſoyez hom- me. Vous prétendez que mon ami a dit dans les anecdotes ſur Belizaire, la falſi- fication eſt un cas pendable : mais il n'a jamais écrit d'anecdote ſur Belizaire ; c'eſt la calomnie qui eſt un cas pendable.

Je ne vous dis pas, vous êtes un calomniateur; je vous dis, vous êtes la trompette de la calomnie. Il ne sied pas à un homme aussi éclairé & aussi spirituel que vous l'êtes, de répéter des discours de cafés.

DIX-NEUVIEME NIAISERIE.

SUR UN MOT.

On a dit dans la Philosophie de l'Histoire, ou si l'on veut dans le discours qui précède l'Histoire de l'esprit humain & des mœurs des nations qu'*Israël* est un mot caldéen; il l'est en effet, & d'où le savons-nous? de *Philon* qui nous l'apprend dans le commencement de la relation de son voyage auprès de l'empereur Caligula, dont il fut si mal reçu. Voici ses paroles, car il faut répéter quelquefois. *Les hommes vertueux sont comme le partage de l'être souverain donc l'empire est sans bornes. Les Caldéens leur donnent le nom d'Israël, c'est-à-dire, voyant Dieu.*

Vous avez cherché ce paſſage dans l'hiſtorien Joſeph, au lieu de le chercher dans Philon qui eſt imprimé immédiatement après le cinquième tome de ce Joſeph; & ne trouvant pas ce paſſage où il n'eſt point, vous avez cru que mon ami voulait vous tromper, qu'il était un falſificateur de livres juifs. De grace, monſieur le ſecrétaire, un peu de juſtice !

VINGTIEME NIAISERIE.

SUR UN AUTRE MOT.

Eſt-il poſſible, monſieur le ſecrétaire, qu'après vous être abaiſſé juſqu'à répéter les calomnies dont je viens de vous demander juſtice, vous vous abaiſſiez encore juſqu'à des plaiſanteries de collège ſur un mot grec ! Le mot de ſymbole eſt grec. *Symbolon à ſymballo, confero.* Symbolon ſignifie proprement *collatio.* Voyez votre Calepin encore une fois; il vous en rendra raiſon : vous demandez fi c'eſt une collation après dîner ? eſt-ce là, monſieur, une fine plaiſanterie de la cour dans laquelle vous avez préſentement une place ? ſouvenez-vous que ſymbolon vient de ſymballo, parce qu'il rapellait l'idée des différentes profeſſions de foi qu'on avait conférées, collationées, comparées les unes avec les autres.

Mon ſymbole à moi eſt, je pardonne à ceux qui ſe trompent, je les prie de me pardonner de même.

VINGT-UNIEME NIAISERIE

Sur d'autres mots.

Oui, monſieur, *Epiphania* ſignifie ſurface, apparence. Oui, on a écrit auſſi communément *idiotoi* qu'*idiotai ſolitaires*; & ce n'eſt point du tout pour faire une mauvaiſe plaiſanterie qu'on a remarqué qu'idiot ſignifiait autrefois iſolé, retiré du monde, & ne ſignifie aujourd'hui que ſot. On a voulu & en devait faire voir à quel point la valeur, l'intelligence des termes les plus communs s'écarte de leur origine. *Buse* est le nom d'un oiseau de proie très-dangereux, cependant on appelle buse un homme trop simple qui se laisse surprendre. *Paradis* signifiait verger en grec & en hébreu, il signifia bientôt le plus haut des cieux. *Euménides* voulait dire compatissantes chez les Grecs, ils en firent des furies. De boule verd jeu de boule sur le verd gazon, nous avons fait boulevard ; qui signifie en général fortifications : toutes les langues sont pleines de dérivés qui n'ont plus rien de leur racine.

La qualification de *despote* n'était donnée dans le bas empire qu'à des princes dépendants des empereurs grecs ou des turcs. Despote de Servie, despote de Valachie. Ce mot originairement signifiait maitre de maison. Si on avait donné que ce titre à un empereur, c'eût été une insulte. Vous saviez tout cela mieux
que

que moi, monsieur; deviez-vous incidenter sur des choses si communes?

VINGT-DEUXIEME NIAISERIE.

Sur une Corneille qui profétisa.

On sait qu'autrefois les bêtes parlaient : pourquoi non ! puisqu'elles ont une langue, & qu'un perroquet eut une si longue conversation avec le prince Maurice de Nassau, rapportée mot pour mot dans le livre de l'entendement humain de Loke. Les chênes de Dodône parlaient sans langue un grec très-pur, rendaient des oracles ; à plus forte raison les animaux devaient-ils être profètes. Non-seulement le bœuf Apis prédisait l'avenir par l'apétit ou le dégoût qu'il témoignait en mangeant son foin, mais il beuglait les choses futures avec une grande éloquence. Ni vous ni moi ne sommes étonnés qu'une Corneille ait prédit tout haut dans la capitale la mort de l'empereur Domitien : mon ami s'est trompé, je l'avoue, fur les propres paroles que croaffa cette profèteffe ; elle dit : *Tout ira bien*. Et mon ami emporté par le feu de fon âge, lui fait dire : *Tout va bien*. Cela eft puniffable ; il en demande très-humblement pardon à vous & à la Corneille.

VINGT-TROISIEME NIAISERIE.

DES POLISSONS.

Je fuis bien honteux, monfieur, pour vous & pour moi de toutes ces niaiferies. Vous reprochez à mon ami d'avoir appellé les Juifs *poliffons* : ce n'eft pas là fon ftile. Vous citez un livre qu'il n'a pas fait, & qu'il eft incapable d'avoir fait.

Je ne fais pas dans quel arfenal, vous prenez vos armes. Peut-être dans quelques lettres de plaifanterie, en parlant des quarante-deux enfants qui coururent après Elizée vers Bethel, & qui lui criaient *tête chauve* ; mon ami s'eft fervi du terme de petits poliſſons. En effet il n'y a que des enfants mal appris qui puiſſent crier tête chauve à un profète qui n'a point de cheveux. Ces petits garçons étaient de francs *poliſſons* qui méritaient bien d'être châtiés : auſſi le furent-ils, & d'une manière aſſez forte pour les mettre hors d'état de récidiver.

Le Révérend pere Calmet intitule ainſi le deuxième chapitre du quatrième livre des Rois, *Eliſée fait dévorer par des ours quarante enfants qui s'étaient moqués de lui.* Calmet ſe trompe ; ils étaient quarante-deux L'écriture y eſt expreſſe. Je ne dirai pas au père don Calmet dont j'honore la mémoire, mon Révérend père vous ne ſavez ni le grec, ni l'hébreu ; vous traduiſez quarante quand il faut traduire quarante-deux. Mr. Larchet vous relancera ; vous auriez beau dire que vous n'êtes pas correcteur d'imprimerie ; je vous ferai ſifler dans toute la rue St. Jaques, pour avoir oublié deux petits garçons.

Je m'adresserais à Elizée lui-même plutôt qu'à don Calmet: je lui dirais ; mon Révérend père Elizée que ne portiez-vous la perruque, plutôt que de faire manger quarante-deux enfants de Bethel par deux ours ? Ces poliſſons auraient pu ſe corriger ; il ne faut jamais déſeſpérer de la jeuneſſe ; votre ſévérité a été extrême : j'eſpère qu'une autre fois vous aurez plus d'indulgence.

VINGT-QUATRIEME NIAISERIE.

SUR DES MOTS ENCORE.

Les mots *Eloïm*, *Bara*, monſieur, ne ſont une niaiſerie que par la difficulté de collège que vous faites à mon ami ; car il n'eſt rien de plus reſpectable que ces mots: c'eſt le commencement de la Genèſe. Vous ſavez ſans doute qu'Origène, St. Jerôme, St. Epiphane les entendent comme vous ſuppoſez que mon ami les explique ; mais en cela même on vous a trompé. Mon ami n'eſt point l'auteur du petit livre où la doctrine d'Origène se rencontre : ce petit livre est du savant Boulanger qui était instruit autant qu'on peut l'être à Paris dans les langues orientales ; je vous avertis donc que c'est Mr. Boulanger & non mon ami que vous attaquez.

Vous l'attaquez bien mal, vous lui dites que le grand mot devenu ineffable chez les Juifs modernes *Jaho*, ou *Jova*, ou *Jaou* ne peut être à la fois phénicien, sirien & caldéen. Quoi ! monsieur, la Phénicie n'était-elle pas en Sirie, la Sirie ne touchait-elle pas à la Caldée ? Le mot Dio, Dios, Dieu, n'est-il pas le même pour le fond, en Italie, en Espagne, en France ? St. Clément d'Alexandrie qui était égyptien ne nous apprend-il pas quel effet terrible ce grand mot eut en Egypte ; faut-il vous répéter que Moyse en disant Jeova à l'oreille du roi Nékefre, le fit tomber roide mort & le ressuscita le moment d'après ? Cherchez cette anecdote dans

H 3

les Stromates de St. Clément au livre I. Vous la trouverez encore au chap. 27 d'Eusèbe, & vous aurez le plaiſir d'apprendre que cela vient d'Artapan grand homme que nous ne connaiſſons guères, & qui a pourtant écrit ces choſes.

Voulez-vous combler votre mauvaiſe volonté par de miſérables diſputes de grammaire, après l'avoir tant ſignalée ſur des faits importants ?

Au fond votre livre eſt une facétie ; c'eſt un ſavant profeſſeur qui repréſente une comédie où il fait paraître ſix acteurs Juifs : il joue tout ſeul tous les rôles, comme la Rancune dans le roman comique, joue ſeul une pièce entière, dans laquelle il fait juſqu'au chien de Tobie, ſi je ne me trompe. Mais, monſieur, en jouant cette parade vous en avez fait une atteIane un peu mordante & même cruelle. Vous la rendriez funeſte ſi nous vivions dans ces tems de ſuperſtition & d'ignorance où l'on caſſait la tête de ſon voiſin à coups de crucifix. Vous avez voulu exciter la colère de nos supérieurs ; mais ils ont des occupations plus importantes que celle de lire votre comédie juive, & quand ils l'auraient lue, soyez sûr qu'ils n'auraient pas traité mon ami en Amalécite. Ils sont sages, ils sont aussi indulgents qu'éclairés. Le tems des persécutions est passé ; vous ne le ferez pas revenir.

RÉPONSE.
ENCORE PLUS COURTE AU TROISIEME TOME JUIF.

Après avoir repoussé d'injustes reproches & des calomnies, après avoir tantôt joué avec des futilités, tantôt brisé les traits mortels qu'elles renfermoient, il est tems de venger la France des outrages que Mr. le Secrétaire lui prodigue dans son troisième volume, & toujours sous le nom de ses Juifs. Je n'emploierai que quelques pages contre un livre entier.

I.

Du Jubilé.

Il ne s'agit plus ici d'un combat dans lequel un ennemi puisse se couvrir d'un bouclier divin, & percer son adversaire d'une flèche sacrée. D'abord politiquement parlant, & non pas théologiquement argumentant, il s'agit de savoir si les loix hébraïques valent mieux que nos loix chrétiennes.

Au fait : le Jubilé est-il préférable aux rentes sur l'Hôtel-de-ville ? Je vous soutiens, monsieur, que vous-même vous aimeriez cent fois mieux vous faire une rente perpétuelle de cinq mille livres pour cent mille francs de fond, que d'acheter un bien de campagne dont vous feriez obligé de sortir au bout de cinquante ans. Je suppose que vous êtes Juif, que vous achetez une métairie de cent arpents dans la tribu d'Issakar à l'âge de trente ans : vous l'améliorez, vous l'embelliſſez; elle vaut quand vous êtes parvenu à quatre-vingt ans le double de ce qu'elle valait au tems de l'achat; vous en êtes chaſſé vous, votre femme & vos enfants; & vous allez mourir ſur un fumier par la loi du Jubilé.

Cette loi n'eſt guères plus favorable au vendeur qu'à l'acheteur; car il y a grande apparence que l'acheteur obligé de déguerpir, n'aura pas ſur la fin laiſſé la ferme en trop bon état. La loi du Jubilé paraît faite pour ruiner deux familles.

Ce n'eſt pas tout, comptez-vous pour rien les difficultés prodigieuſes de ſtipuler les conditions de ces contrats, d'évaluer un ſixième, un ſeptième de Jubilé, & de prévenir les diſputes inévitables qui doivent naître d'un tel marché?

Comment aurait-on pu imaginer cette loi impraticable dans un déſert, pour l'exécuter dans un petit pays de roches & de cavernes dont on n'était pas le

H 5

maître, & qu'on ne connaissait pas encore ? n'était-ce pas vendre la peau de l'ours avant de l'avoir tué ? Enfin, messieurs les Juifs, votre Jubilé était si peu convenable, qu'aucune nation n'a voulu l'adopter : vous-mêmes vous ne l'avez jamais obfervé ; il n'y en a aucun exemple dans vos hiftoires. L'Irlandais Ufférius a compté le premier Jubilé 1395 ans avant notre Ere vulgaire qui n'eft pas la vôtre ; mais il n'a pu trouver dans vos livres l'exemple d'un feul homme qui foit rentré dans fon héritage en vertu de cette loi.

Nous avons un Jubilé aussi nous autres ; il est charmant, il eft tout spirituel ; c'est le bon pape Boniface VIII. qui l'inftitua, peu de temps après avoir fait venir par les airs la maifon de Notre-Dame de Lorette. Ceux qui ont dit que Boniface VIII entra dans l'évêché de Rome comme un renard, s'y comporta comme un loup, & mourut comme un chien, étaient de grands hérétiques. Quoiqu'il en soit, notre Jubilé est autant au-dessus du vôtre que le spirituel est préférable au temporel.

II.

Loix Militaires.

Vous vantez, messieurs les Juifs, l'humanité noble de vos loix militaires; elles étaient dignes d'une nation établie de tems immémorial dans le plus beau climat de la terre. Vous dites d'abord qu'il vous était ordonné de payer vos vivres quand vous passiez par les terres de vos alliés, & de n'y point faire de dégât.

Je crois bien qu'on fut obligé de vous l'ordonner; supposé encore que vous eussiez des alliés dans des déserts où il n'y eut jamais de peuplade.

Vous ne pouviez, dites-vous *, prendre les armes que pour vous défendre;

---

* Page 45. Tome 3.

cela eſt ſi curieux, qu'ayant juſqu'à préſent négligé de citer les pages de votre livre que tout le monde doit ſavoir par cœur, j'en prends la peine cette fois-ci.

En effet, meſſieurs, lorſque vous allâtes, à ce que vous me dites, faire ſept fois le tour de Jérico dont vous n'aviez jamais entendu parler, faire tomber les murs au ſon du cornet-à-bouquin, maſſacrer, brûler les femmes, filles, enfants, vieillards, animaux, c'était pour vous défendre !

III.

Filles prises en guerre.

Mais vous étiez ſi bons, que quand par haſard il ſe trouvait dans le butin une payſanne fraîche & jolie, il vous était permis de coucher avec elle, & même de la joindre au nombre de vos épouſes ; cela devait faire un excellent ménage. Il eſt vrai que votre captive ne pouvait avoir les honneurs d'épouſé qu'au bout d'un mois ; mais de braves soldats n'attendent pas si long-tems à jouir du droit de la guerre.

IV.

FILLES ÉGORGÉES.

Je ne sais qui a dit que votre usage était de tuer tout excepté les filles nubiles. *N'est-il pas clair, répondez-vous, que c'est calomnier grossièrement nos loix, ou montrer évidemment à toute la terre que vous ne les avez jamais lues.*

Ah, toute la terre, monsieur ! n'êtes-vous pas comme ce savant qui prenait toujours l'université pour l'univers ? Sans doute celui qui vous a reproché d'épargner toujours les filles s'est bien trompé : témoin toutes les filles égorgées à Jérico, au petit village de Haï traité comme Jérico, aux trente-un villages dont vous pendites les trente & un rois, & qui furent livrés au même anatême. Oui, messieurs, il est clair qu'on vous a calomniés grossièrement. Tout ce que je puis vous dire, c'est qu'il est bien étrange qu'on parle encore dans le monde de vous, & qu'on perde son temps à vous calomnier ; mais vous nous le rendez bien.

V.

MÈRES QUI DÉTRUISENT LEUR FRUIT.

Laissons-là votre code militaire ; je suis pacifique ; suivons pié à pié votre police.

Vous louez votre législation de n'avoir décerné aucune peine pour les mères qui détruisent leurs enfants. Vraiment puisqu'on ne les a pas punies pour les avoir mangés, on ne les aura pas punies pour les avoir tués & pour les avoir fait cuire. On vous a dit que les Juifs mangerent quelquefois de petits enfants ; mais on ne vous a pas dit qu'ils les aient mangés tout crus : un peu d'exactitude, s'il vous plaît.

VI.

DE LA GRAISSE.

Vous vous extasiez sur ce que dans votre *Vaïcra*, dans votre Lévitique, il vous est défendu de manger de la graisse, parce qu'elle est indigeste ; mais, messieurs, Aaron & ses fils avaient donc un meilleur estomac que le reste du peuple ; car il y a de la graisse entre l'épaule & la poitrine qui sont leur partage. Vous prétendez que vos brebis avaient des queues dont la graisse pesait cinquante livres : elle était donc pour vos prêtres. Arlequin disait dans l'ancienne comédie Italienne que s'il était roi il se ferait servir tous les jours de la soupe à la graisse, c'était apparamment celle de vos queues.

VII.

Du boudin.

Vous tirez encore un grand avantage de ce que les pigeons au fang & le boudin vous étaient défendus : vous croyez que ce fut un grand médecin qui donna cette ordonnance ; vous penfez que le fang eft un poifon, & que Thémiftocle & d'autres moururent pour avoir bu du fang de taureau.

Je vous confie que pour me moquer des fables grecques, j'ai fait faigner une fois un de mes jeunes taureaux, & j'ai bu une taffe de fon fang très-impunément. Les payfans de mon canton en font ufage tous les jours, & ils appellent ce déjeûner, la fricaffée.

VIII.

De la propreté.

Vous croyez qu'à Jérufalem on était plus propre qu'à Paris, parce qu'on avait la lèpre, & qu'on manquait de chemises; & vous regrettez la belle police qui ordonnait de démolir les maisons dont les murailles étaient lépreuses. Vous pouviez pourtant savoir qu'en tout pays les taches qu'on voit sur les murs ne sont que l'effet de quelques goutes de pluie sur lesquelles le soleil a donné; il s'y forme de petites cavités imperceptibles. La même chose arrive par-tout aux feuilles d'arbres; le vent porte souvent dans ces gersures des œufs d'insectes invisibles : c'est-là ce que vos prêtres appellaient la lèpre des maisons, & comme ils étaient juges souverains de la lèpre, ils pouvaient déclarer lépreuse la maison de quiconque leur déplaisait, & la faire démolir pour préserver le reste.

Quant à vos grand'mères, je crois nos parisiennes tout aussi propres qu'elles pour le moins.

Vous triomphez de ce qu'il vous était enjoint de n'aller jamais à la garderobe que hors du camp, & avec une pioche : vous croyez que dans nos armées tous nos foldats font leurs ordures dans leurs tentes. Vous vous trompez, meffieurs, ils font auffi propres que vous. Si vous êtes engoués de la maniere dont vos ancêtres pouffaient leur felle, lifez les cinquante-deux manières de fe torcher le cu, décrites par notre grand rabin François Rabelais, & vous conviendrez de la prodigieufe fupériorité que nous avons fur vous.

Paffons de la garderobe à votre cuifine ; penfez-vous que votre temple qui n'était que la cuifine de vos lévites, fût auffi propre que St. Pierre de Rome ! vous nous racontez qu'un jour Salomon tua dans ce temple vingt-deux mille bœufs gras, & cent vingt mille moutons pour fon dîner, fans compter les marmites du peuple. Songez qu'à cinquante pintes de fang par bœuf gras, & à dix pintes par mouton, cela fait vingt-trois millions de pintes de fang qui coulerent ce jour-là dans votre temple. Figurez-vous quels monceaux de charognes dépecées ! que de marmitons, que de marmites, que d'infection ! Est-ce là votre propreté, messieurs ? est-ce là le *simplex munditiis* d'Horace ?

IX.

DE LA GAIETÉ.

Vous nous citez le Sabat pour une fête gaie ; *aux six jours de travail succède régulièrement un jour de repos* : & moi je pourais vous citer le *tristia sabbata cordi*, le *septima quæque dies turpi sacrata veterno*. Et je vous soutiendrai qu'un jour de dimanche, la courtille, les porcherons, les boulevards sont cent fois plus gais que toutes vos fêtes jointes ensemble. Vraiment il vous sied bien de croire être plus joyeux que les Parisiens !

X.

DE LA GONORRÉE.

Vous confondez la gonorrée antique, commune aux meſſieurs & aux dames dans tous les tems, avec la chaudep.... maladie qui n'eſt connue que depuis la fin du 15e. ſiècle. *Gonorreia* flux de génération eſt la choſe la plus ſimple. Vous donnez à entendre que le texte du Lévitique confond ces deux incommodités : non il ne les confond pas ; la virulente était abſolument inconnue dans tout notre hémiſphère. Chriſtophe Colomb alla la déterrer à St. Domingue. L'autre dont il eſt queſtion ici ſe guérit avec du vin chaud encore mieux qu'avec de l'eau fraiche ; elle n'a nul rapport avec le péché d'Onan, ni avec l'Onaniſme de Mr. Tiſſot. Vous les citez en vain en votre faveur ; jamais Mr. Tiſſot n'a fait ſortir de Lauſanne les impurs qu'il a guéris de la gonorrée virulente. Quant au bon-homme Onan, voyez si vous avez quelque chose de commun avec lui.

XI.

De l'Agriculture.

Vous parlez très-bien de l'agriculture, monsieur, & je vous en remercie; car je suis laboureur.

XII.

Du profond respect que les Dames doivent au joyeau des Messieurs.

Vous rapportez une étrange loi dans le Deuteronome, au Chap. 25. *Si deux hommes ont une dispute, si la femme du plus faible prend le plus fort par son joyeau, coupez la main à cette femme sans rémission,*

Je vous demande pardon, messieurs, jamais je n'aurais coupé la main à une dame qui m'aurait pris par-là autrefois ; vous êtes bien délicats & bien durs.

XIII.

Poligamie.

Vous prétendez que mon ami a dit : *je ne suis point assez habile physicien pour décider si après plusieurs siècles, la poligamie aurait un avantage bien réel sur la monogamie, par rapport à la multiplication de l'espèce humaine.*

Soyez sûr, monsieur que mon ami n'a jamais écrit dans ce goût pour décider si après plusieurs mots inutiles, on inspirerait au lecteur un dégoût bien réel par rapport à la multiplication de l'ennui. Vous lui imputez sans cesse ce qu'il n'a jamais écrit ; ayez la bonté de jetter les yeux sur le fragment que je vous présente, il m'a paru moins ennuyeux que celui que vous citez par rapport à la multiplication de l'espèce humaine.

FRAGMENT.

Sur les femmes.

L'ignorance a prétendu long-tems que les femmes font esclaves pendant leur vie chez les Mahométans, & qu'après leur mort elles n'entrent point dans le paradis : ce font deux grandes erreurs, telles qu'on en a débité toujours fur le mahométifme : les époufes ne font point du tout esclaves. Le fura ou chapitre 4 du Coran leur affigne un douaire ; une fille doit avoir la moitié du bien dont hérite fon frère. S'il n'y a que des filles, elles partagent entr'elles les deux tiers de la fucceffion, & le refte appartient aux parents du mort ; ces parents en auront chacun la fixième partie, & la mère du mort a auffi un droit dans la fuccession : les époufes font fi peu efclaves, qu'elles ont permiffion de demander le divorce qui leur eft accordé quand leurs plaintes font jugées légitimes.

Il n'eft pas permis aux mufulmans d'époufer leur belle-fœur, leur nièce, leur fœur de lait, leur belle-fille élevée fous la garde de leur femme. Il n'eft pas permis d'époufer les deux fœurs. En cela ils font bien plus févères que les chrétiens qui tous les jours achètent à Rome le droit de contracter de tels mariages, qu'ils pouraient faire gratis.

Mahomet a réduit le nombre illimité des époufes à quatre ; mais comme il faut être extrêmement riche pour entretenir quatre femmes felon leur condition, il n'y a que les plus grands feigneurs qui puiffent ufer de ce privilège. Ainfi la pluralité des femmes ne fait point aux états mufulmans le tort que nous leur reprochons fi fouvent,

vent, & ne les dépeuple pas comme on le répète tous les jours dans tant de livres écrits au hafard.

Les Juifs par un ancien ufage, établi felon leurs livres depuis *Lamech*, ont toujours eu la liberté d'avoir à la fois plufieurs femmes. *David* en eut dix-huit, & c'eft d'après cet exemple que les rabins déterminerent à ce nombre la poligamie des rois, quoiqu'il foit dit que *Salomon* en eut jufqu'à fept cent.

Les Mahométans n'accordent pas publiquement aujourd'hui aux Juifs la pluralité des femmes ; ils ne les croient pas dignes de cet avantage ; mais l'argent toujours plus fort que la loi, donne quelquefois en Orient & en Afrique aux Juifs qui font riches la permiffion que la loi leur refufe.

On a rapporté férieufement que *Lelius Cinna* tribun du peuple, publia après la mort de *Céfar*, que ce dictateur avait voulu promulguer une loi qui donnait aux femmes le droit de prendre autant de maris qu'elles voudraient. Quel homme fenfé ne voit que c'eſt-là un conte populaire & ridicule inventé pour rendre *Céſar* odieux ! il reſſemble à cet autre conte qu'un fénateur romain avait propoſé en plein fénat de donner à *Céſar* permiſſion de coucher avec toutes les femmes qu'il voudrait. De pareilles inepties déshonorent l'hiſtoire, & font tort à l'eſprit de ceux qui les croient. Il eſt triſte que *Monteſquieu* ait ajouté foi à cette fotte fable.

Il n'en eſt pas de mème de l'empereur *Valentinien* I. qui, ſe diſant chrétien, épouſa *Juſtine* du vivant de *Sévera* ſa première femme, mère de l'empereur *Gratien* ; il était aſſez riche pour entretenir pluſieurs femmes.

Dans la première race des rois Francs, *Gontran*, *Cherebert*, *Sigebert*, *Chilperic* eurent pluſieurs femmes à la fois. *Gontran* eut dans ſon palais *Venerande*, *Mercatrude* & *Oſtregile* reconnues pour femmes légitimes; *Cherebert* eut *Meroflède*, *Marcovèfe* & *Théodesile*. Il est difficile de concevoir comment l'ex-jéfuite nommé *Nonotte* a pu, dans son ignorance pousser la hardiesse jusqu'à nier ces faits, jusqu'à dire que les rois de cette première race n'userent point de la poligamie, & jusqu'à défigurer dans un libelle en deux volumes plus de cent vérités historiques, avec la confiance d'un régent qui dicte des leçons dans un collège ? des livres dans ce goût ne laissent pas de se vendre quelque tems dans les provinces où les ex-jésuites ont encore un parti; ils séduisent quelques personnes peu instruites.

Le père *Daniel* plus sçavant & plus judicieux avoue la poligamie des rois Francs sans aucune difficulté ; il ne nie pas les trois femmes de *Dagobert*; il dit expressément que *Théodebert* épousa *Deuterie* quoiqu'il eût une femme nommée *Visigalde*, & quoique *Deute-*

rie eût un mari. Il ajoute qu'en cela il imita fon oncle *Clotaire*, lequel époufa la veuve de *Clodomir* fon frère, quoiqu'il eût déja trois femmes.

Tous les hiftoriens font les mêmes aveux : comment après tous ces témoignages fouffrir l'impudence d'un ignorant qui parle en maitre, & qui ofe dire, en débitant de fi énormes fottifes, que c'eft pour la défenfe de la religion, comme s'il s'agiffait dans un point d'hiftoire de notre religion vénérable & facrée que des calomniateurs méprifables font fervir à leurs ineptes impoftures.

L'abbé *Fleury* auteur de *l'Hiftoire Eccléfiaftique*, rend plus de juftice à la vérité dans tout ce qui concerne les loix & les ufages de l'églife ; il avoue que *Boniface* apôtre de la baffe Allemagne, ayant confulté l'an 726 le pape *Grégoire* II pour favoir en quel cas un mari peut avoir deux femmes, *Grégoire* II lui répondit le 22 Novembre de la même année, ces propres mots : *Si une femme eſt attaquée d'une maladie qui la rende peu propre au devoir conjugal, le mari peut ſe marier à une autre ; mais il doit donner à la femme malade les ſecours néceſſaires.* Cette déciſion parait conforme à la raiſon & à la politique, elle favoriſe la population qui eſt l'objet du mariage.

Mais ce qui ne paraît ni ſelon la raiſon, ni ſelon la politique, ni ſelon la nature, c'eſt la loi qui porte qu'une femme ſéparée de corps & de biens de ſon mari, ne peut avoir un autre époux, ni le mari prendre une autre femme. Il eſt évident que voilà une race perdue pour la peuplade ; & que ſi cet époux & cette épouſe ſéparés, ont tous deux un tempérament indomptable, ils ſont néceſſairement expoſés & forcés à des péchés continuels dont les légiſlateurs doivent être reſponſables devant Dieu, ſi....

Les décrétales des papes n'ont pas

toujours eu pour objet ce qui eſt convenable au bien des états & à celui des particuliers. Cette même décrétale du pape *Grégoire* II qui permet en certains cas la bigamie, prive à jamais de la ſociété conjugale les garçons & les filles que leurs parents auront voués à l'égliſe dans leur plus tendre enfance. Cette loi ſemble auſſi barbare qu'injuſte ; c'eſt anéantir à la fois des familles, c'eſt forcer la volonté des hommes avant qu'ils aient une volonté, c'eſt rendre à jamais les enfants eſclaves d'un vœu qu'ils n'ont pas fait, c'eſt détruire la liberté naturelle, c'eſt offenſer Dieu & le genre humain.

La poligamie de *Philippe* landgrave de Heſſe, dans la communion luthérienne en 1539, eſt aſſez publique. J'ai connu un des ſouverains de l'empire d'Allemagne, dont le père ayant épouſé une luthérienne, eut permiſſion du pape de ſe marier à une catholique, & qui garda ſes deux femmes.

Il est public en Angleterre, & on voudrait le nier en vain, que le chancelier *Cowper* épousa deux femmes qui vécurent ensemble dans sa maison avec une concorde singulière qui fit honneur à tous trois. Plusieurs curieux ont encore le petit livre que ce chancelier composa en faveur de la poligamie.

Il faut se défier des auteurs qui raportent que dans quelques pays les loix permettent aux femmes d'avoir plusieurs maris. Les hommes qui par-tout ont fait les loix, sont nés avec trop d'amour-propre, sont toujours trop jaloux de leur autorité, ont communément un tempérament trop ardent en comparaison de celui des femmes, pour avoir imaginé une telle jurisprudence. Ce qui n'est pas conforme au train ordinaire de la nature est rarement vrai; mais ce qui est fort ordinaire, sur-tout dans les anciens voyageurs, c'est d'avoir pris un abus pour une loi.

L'auteur de l'*Esprit des Loix* prétend

que sur la côte de Malabar, dans la caste des Naires, les hommes ne peuvent avoir qu'une femme, & qu'une femme au contraire, peut avoir plusieurs maris ; il cite des auteurs suspects, & sur-tout *Picard*. On ne devrait parler de ces coutumes étranges qu'en cas qu'on eût été long-tems témoin oculaire ; si on en fait mention, ce doit être en doutant ; mais quel est l'esprit vif qui sache douter ?

La lubricité des femmes, dit-il, *est si grande à Patane, que les hommes sont contraints de se faire certaines garnitures pour se mettre à l'abri de leurs entreprises.*

Montesquieu n'alla jamais à Patane : Mr. L..... ne remarque-t-il pas très-judicieusement que ceux qui imprimerent ce conte étaient des voyageurs qui se trompaient, ou qui voulaient se moquer de leurs lecteurs ? Soyons justes, aimons le vrai, ne nous laissons pas séduire, jugeons par les choses & non par les noms.

Il semble que le pouvoir & non la convention ait fait toutes les loix, sur-tout en Orient. C'est-là qu'on voit les premiers esclaves, les premiers eunuques, le trésor du prince composé de ce qu'on a pris au peuple.

Qui peut vétir, nourrir, & amuser plusieurs femmes, les a dans sa ménagerie, & leur commande despotiquement. *Ben-Aboul-Kiba* dans son *miroir des fidèles*, raporte qu'un des visirs du grand *Soliman* tint ce discours à un agent du grand *Charles-Quint*.

» Chien de chrétien, pour qui j'ai
» d'ailleurs une estime toute particu-
» lière, peux-tu bien me reprocher d'a-
» voir quatre femmes suivant nos sain-
» tes loix, tandis que tu vides douze
» quartauts par an, & que je ne bois
» pas un verre de vin ? Quel bien
» fais-tu au monde en passant plus
» d'heures à table que je n'en passe
» au lit ? Je peux donner quatre en-
» fants chaque année pour le service

» de mon augufte maitre; à peine en
» peux-tu fournir un. Et qu'eft-ce que
» l'enfant d'un ivrogne? fa cervelle
» fera offufquée des vapeurs du vin
» qu'aura bu fon père. Que veux-tu
» d'ailleurs que je devienne quand
» deux de mes femmes font en cou-
» che? ne faut-il pas que j'en ferve
» deux autres, ainfi que ma loi me
» le commande? que deviens-tu, quel
» rôle joues-tu dans les derniers mois
» de la groffeffe de ton unique femme,
» & pendant fes couches & pendant
» fes maladies? il faut que tu reftes
» dans une oifiveté honteufe, ou que
» tu cherches une autre femme: te
» voilà néceffairement entre deux pé-
» chés mortels qui te feront tomber
» tout roide, après ta mort, du pont
» aigu au fond de l'enfer.

» Je fuppofe que dans nos guerres
» contre les chiens de chrétiens, nous
» perdions cent mille foldats, voilà
» près de cent mille filles à pourvoir;

» n'eſt-ce pas aux riches à prendre ſoin
» d'elles ? malheur à tout muſulman
» aſſez tiède pour ne pas donner re-
» traite chez lui à quatre jolies filles
» en qualité d'épouſes, & pour ne les
» pas traiter ſelon leurs mérites.

» Comment ſont donc faits dans ton
» pays la trompette du jour qu'on ap-
» pelle *coq*, l'honnête bélier prince des
» troupeaux, le taureau ſouverain des
» vaches ? chacun d'eux n'a-t-il pas ſon
» ſerrail ? il te ſied bien vraiment, de
» me reprocher mes quatre femmes
» tandis que notre grand Prophète en
» a eu dix-huit, *David* le Juif autant,
» & *Salomon* le juif ſept cent de compte
» fait, avec trois cent concubines ! tu
» vois combien je ſuis modeſte. Ceſſe
» de reprocher la gourmandiſe à un ſa-
» ge qui fait de ſi médiocres repas. Je
» te permets de boire, permets-moi
» d'aimer ; tu changes de vins, ſouffre
» que je change de femmes : que cha-
» cun laiſſe vivre les autres à la mode

» de leur pays; ton chapeau n'eſt point
» fait pour donner des loix à mon tur-
» ban : ta fraiſe & ton petit manteau
» ne doivent point commander à mon
» doliman. Acheve de prendre ton café
» avec moi, & va-t-en careſſer ton al-
» lemande, puiſque tu es réduit à elle
» ſeule. «

RÉPONSE

DE L'ALLEMAND.

» Chien de muſulman, pour qui je
» conſerve une vénération profonde,
» avant d'achever mon café je veux
» confondre tes propos.. Qui poſſède qua-
» tre femmes poſſède quatre harpies,
» toujours prêtes à ſe calomnier, à ſe
» nuire, à ſe battre. Le logis eſt l'an-
» tre de la diſcorde; aucune d'elles ne
» peut t'aimer; chacune n'a qu'un quart
» de ta perſonne, & ne pourrait tout au
» plus te donner que le quart de ſon
» cœur. Aucune ne peut te rendre la

» vie agréable ; ce font des prifonnières
» qui n'ayant jamais rien vu n'ont rien
» à te dire ; elles ne connaiffent que toi ;
» par conféquent tu les ennuies. Tu es
» leur maître abfolu, donc elles te haïf-
» fent. Tu es obligé de les faire garder
» par un eunuque qui leur donne le
» fouet quand elles ont fait trop de
» bruit. Tu ôfes te comparer à un coq ;
» mais jamais un coq n'a fait fouëtter
» fes poules par un chapon ; prends tes
» exemples chez les animaux, reffem-
» ble-leur tant que tu voudras, moi je
» veux aimer en homme ; je veux don-
» ner tout mon cœur, & qu'on me don-
» ne le fien. Je rendrai compte de cet
» entretien ce foir à ma femme, & j'ef-
» père qu'elle en fera contente. A l'é-
» gard du vin que tu me reproches,
» apprends que s'il eft mal d'en boire
» en Arabie, c'eft une habitude très-
» louable en Allemagne : Adieu.

XIV.

Femmes des Rois.

Je ne vous ai rapporté ce fragment meſſieurs, que pour faire un peu de diverſion à la triſteſſe de notre diſpute ; reprenons nos gantelets & combattons.

Pour nous prouver que Jéruſalem l'emporte ſur Paris, ſur Londres & ſur Madrid, vous nous dites que dans votre déſert, lorſque vous étiez ſans roi & ſans ſouliers, il fut défendu à vos monarques qui ne parurent que quatre cent ans après, d'avoir un trop grand nombre de femmes. Cette loi qui eſt dans votre Deutéronome ne détermine pas le nombre permis, & c'eſt ce qui a fait croire à tant de doctes & profonds eſprits, mais trop confiants en leurs lumières, que votre Pentateuque ne fut écrit que dans le tems où vos roitelets abuſerent de la poligamie ſi prodigieusement, qu'il fallut les avertir d'être un peu plus modérés.

XV.

DE LA DÉFENSE D'APPROCHER DE SA FEMME PENDANT SES RÈGLES.

Vous êtes, messieurs, d'un avis bien différent de notre fameux Fernel, premier médecin de François I & de Henri II : il conseilla à Henri de coucher avec Catherine de Medicis dans le tems le plus fort de ses menstrues ; c'était dit-il, le plus sûr moyen de la rendre féconde, & l'évènement justifia l'ordonnance du médecin.

Vous au contraire, messieurs, vous regardez cette opération qui nous valut trois rois de France l'un après l'autre, comme un crime capital ; vous voudriez qu'on eût puni de mort Henri II & sa femme ; vous nous montrez leur condamnation dans le chap. 20 du Lévitique : *qui coïerit cum muliere in fluxu menstruo*

& revelavit turpitudinem ejus in fluxu menstruo, ipsaque aperuerit fontem sanguinis, interficiantur ambo de medio populi sui. Si un homme se conjoint avec sa femme pendant ses menstrues, & si elle ouvre la fontaine sanglante, qu'ils soient tous deux tués, exterminés.

Permettez-moi, messieurs, de vous représenter que votre sentence est bien dure. La faculté de médecine de Paris & celle de Londres, vous prieront de la réformer, franchement il n'y a pas là de quoi pendre un père & une mère de famille. On a eu raison de dire que votre loi est la loi de rigueur, & la nôtre la loi de grace.

XVI.

DU DIVORCE & DU PARADIS.

Chez vous il fut permis de donner une lettre de divorce à sa femme quand on était las d'elle ; & la femme n'avait pas le même droit. Vous reprochez à mon ami d'avoir dit, *que c'est la loi du plus fort*, *& la nature pure & barbare.*

Ces paroles ne font dans aucun de fes ouvrages. Vous vous trompez toujours quand vous l'accufez; il n'a rien dit de cela, encore une fois, reprochez-lui de ne l'avoir pas dit. Les Turcs font plus équitables que vous; ils permettent aux dames de demander le divorce.

Vous n'avez affez bonne opinion ni des chrétiens, ni des mufulmans. Vous vous imaginez que Mahomet a fermé l'entrée du paradis aux Dames. On vous a trompé, Meffieurs, fur Mahomet comme fur mon ami. Il eft dit dans la Sunna qu'une douairière ayant commis quelques péchés mortels, vint demander au Prophète fi elle pouvait encore efpérer une place en paradis. Le Prophète que cette Dame importunait lui répondit avec un peu d'humeur (car vous favez que les Prophètes en ont.) Allez vous faire *promener*, Madame, le paradis n'eſt pas pour les vieilles. La pauvre Dame pleura & ſe lamenta. Le Prophète la conſola en lui diſant, ma bonne, en paradis il n'y a plus de vieilles, tout le monde y eſt jeune.

XVII.

Permission de vendre ses enfants.

Si les Dames ont été très-maltraitées par vos loix, vous nous aſſurez que les enfants l'étaient encore plus mal. Il était permis, dites-vous, à un père de vendre ſon fils dans le cas d'une extrême indigence : mon ignorance prend ici votre parti contre vous-même. Je n'ai point trouvé l'énoncé de cette loi chez vous ; je trouve ſeulement dans l'Exode Chap. 21., *ſi quelqu'un vend ſa fille pour ſervante, elle ne ſortira point de ſervitude* : je préſume qu'il en était de même pour les garçons.

Au reſte, je ne connais dans l'antiquité d'autre fille vendue par ſon père, que Métra qui fe laiffa vendre tant de fois pour nourrir fon père Erézicton, lequel mourait de faim comme vous favez, en mangeant toujours. C'eft le plus grand exemple de la piété filiale qui foit dans la fable.

A l'égard des garçons, je n'ai vu que Jofeph vendu par fa famille patriarchale; mais ce ne fut pas affurément fon pauvre père qui le vendit.

XVIII.

Des supplices recherchés.

Je vous bénirai, monfieur, & meffieurs, quand vous éléverez la voix contre nos abus; nous en avons eu d'horribles; il fut des barbares dans Paris comme dans Hershalaïm. Vous vous êtes joints à mon ami pour frémir & pour verfer fur nous des larmes; mais quand vous nous dites, *que les tourments cruels dont on a puni chez nous des fautes légères, fe reffentent des mœurs atroces de nos* aïeux ; que chez vous les peines étaient quelquefois sévères, les supplices jamais recherchés. Comment voulez-vous qu'on vous croye ? relisez vos livres, vous verrez non-seulement un Josué, un Caleb prodiguant tous les genres de mort que le fer & la flamme peuvent faire souffrir à la vieillesse, à l'enfance, & à un sexe doux & faible : mais vous verrez dans les tems que vous appellez les tems de votre grandeur, & de vos mœurs perfectionnées, un David qui sort de son serrail de dix-huit femmes pour faire scier en deux, pour faire déchirer sous des herses de fer, pour brûler à petit feu dans des fours à brique, de braves gens que ses Juifs ont eu le bonheur de prendre prisonniers, tandis qu'il était entre les bras de la tendre Bethzabée.

N'y a-t-il rien de recherché, rien d'extraordinaire, messieurs, dans ces inconcevables horreurs ? Vous me direz que l'auteur sacré qui les décrit, ne les condamne point, & que par conséquent elles pouvaient avoir un bon motif. Mais remarquez aussi, messieurs, que l'auteur sacré ne les approuve pas ; il nous laisse la liberté d'en dire notre sentiment, liberté si précieuse aux hommes !

Avouez donc que vous fûtes aussi barbares dans les tems de votre politesse, que nous l'avons été dans les siècles de notre grossiereté. Nous fûmes long-tems Gog & Magog ; tous les peuples l'ont été.

Et documenta damus quâ simus origine nati.

Nos pères furent des sangliers, des ours jusqu'au seizième siècle ; ensuite ils ont joint des grimaces de singes aux boutoirs de sangliers : enfin, ils sont devenus hommes, & hommes aimables. Vous, messieurs, vous fûtes autrefois les plus détestables & les plus sots loups cerviers qui aient souillé la face de la terre. Vous vivez tranquilles aujourd'hui dans Rome, dans Livourne, dans Londres, dans Amſterdam. Oublions nos bètiſes & nos abominations paſſées; mangeons enſemble en frères des perdrix lardées menu; car ſans lard elles ſont un peu ſèches vers le carême.

XIX.

Encore un petit mot de Salomon.

Votre goût pour les dames, monſieur & meſſieurs, ainſi que pour l'argent comptant, vous ramène toujours à Salomon; vous y revenez avec tendreſſe à la fin de votre gros ouvrage. Je trouve en vous feuilletant, que vous ne vous émerveillez pas aſſez des vingt-cinq milliards en eſpèces ſonnantes que Montmartel-David laiſſa à Brunoi-Salomon grand amateur d'ornements de chapelle. D'un autre côté vous me paraiſſez trop étonnés qu'un homme qui en commençant ſon commerce d'Ophir, avait d'entrée de jeu, vingt-cinq miliards, se fit bâtir quarante mille écuries. Il me semble pourtant que ce n'est pas trop d'écuries ou d'étables pour un homme qui fait servir sur table vingt-deux mille bœufs gras, & cent vingt mille moutons pour un seul repas. *

Vous supposez que ces quarante mille écuries ne sont que dans la vulgate, dont vous faites très-peu de cas. Permettez-moi d'aimer la vulgate recommandée par le concile de Trente, & de vous dire que je ne m'en raporte point du tout à vos bibles massorètes qui ont voulu corriger l'ancien texte.

Je conviens que peut-être il y a un peu d'exagération, un peu de contradiction dans cet ancien texte ; cependant ma remarque subsiste, comme dit Dacier.

---

* Rois Liv. 3. Chap. 8.

X X.

Des veaux, des cornes et des oreilles d'anes.

Messieurs,

Il me faut donc vous suivre encore du serrail de votre grand sultan Salomon, si rempli d'or & de femmes, à l'armée de Titus qui entra le fer & la flamme à la main dans votre petite ville, laquelle n'a jamais pu contenir vingt mille habitans, & dans laquelle il en périt plus de onze cent mille pendant le siège, si l'on croit votre exact & véridique Flavien Joseph.

Dans cette terrible journée on détruisit, non pas votre second temple, comme vous le dites; mais votre troisième temple qui était celui d'Hérode. La question importante dont il s'agit, est de savoir si Pompée en passant par chez vous, & en fesant pendre un de vos rois, avait vu dans ce temple de vingt coudées de long, un animal doré ou bronzé, qui avait deux petites cornes qu'on prit pour des oreilles, si les soldats de Titus en virent autant, & enfin sur quoi fut fondée l'opinion courante que vous adoriez un âne.

Mon ami a cru que vous étiez de très-mauvais sculpteurs ; & que voulant poser des chérubins sur votre arche, ou sur la représentation de votre arche, vous taillâtes si grossièrement les cornes de vos bouvillons chérubins, qu'on les prit pour des oreilles d'âne, cela est assez vraisemblable.

Vous croyez détruire cette vraisemblance en disant que les Babiloniens de Nabucodonosor avaient déja pris votre coffre, votre arche, vos chérubins & vos ânes, il y avait six cent cinquante huit ans. Vous prétendez que Titus fut bien attrapé lorsqu'en entrant dans votre petit temple, il n'y vit point votre coffre, & qu'il fut privé de l'honneur de le porter en triomphe à Rome.

K

Vous favez pourtant, monfieur & meffieurs, que votre arche d'alliance, conftruite dans le défert, prife par les Philiftins, rendue par deux vaches, placée dans Hershalaïm, y était encore après la captivité en Babilone ; l'auteur des Paralipomènes le dit expreffément. *Fuit arca ibi ufque in præfentem diem.*

Vos rabins, je ne l'ignore pas, ont prétendu que cette arche eft cachée dans le creux d'un rocher du mont Nébo où eft enterré Moyfe, & qu'on ne la découvrira qu'à la fin du monde. Mais cela n'empêche pas qu'on ne la montre à Rome parmi les plus belles & les plus anciennes reliques qui décorent cette fainte ville. Les antiquaires qui ont la vue d'une fineffe extrême, & qui voient ce que les autres hommes ne voient point, remarquent dans l'arc de triomphe érigé à Titus, la figure d'un coffre qui eft fans doute votre arche. Elle nous appartient de droit, nous vous fommes substitués, vos dépouilles sont nos conquêtes.

Cessez de vouloir par vos subtilités rabiniques, ébranler la foi d'un chrétien qui vous plaint, qui vous aime, mais qui ayant l'honneur d'être l'olivier franc, ne souillera jamais cette gloire en vous accordant la moindre de vos prétentions.

Si vous voulez que je sois de votre avis, messieurs, vous n'avez qu'à vous faire batiser ; je m'offre à être votre patrain. A l'égard de Mr. votre Secrétaire, vous pouvez le faire circoncire. Je ne m'y opposerai point.

INCURSION
Sur NONOTTE ex-jésuite.

Messieurs les six Juifs, & monsieur leur secrétaire, plus vous avez été redoutables à mon ami intime, plus j'ai dû le défendre. Vous étiez déja assez forts par vous-mêmes ; j'ai été surpris que vous ayez cherché des troupes auxiliaires chez les Jésuites : eſt-ce parce qu'ils ſont aujourd'hui diſperſés comme vous, que vous les appellez à votre ſecours ? vous combattez ſous le bouclier du Révérend pére *Nonotte* ; vous renvoyez mon ami à ce ſavant homme ; vous le regardez comme un de vos grands capitaines, parce qu'il a ſervi de goujeat, dites-vous, dans une armée levée contre l'Encyclopédie. Permettez-moi donc, meſſieurs, de vous renvoyer à un des plus braves guerriers qui ait combattu pour l'Encyclopédie contre le Révérend père *Nonotte*. C'eſt Mr. Damilaville l'un de nos plus ſavants écrivains : daignez lire ce qu'il répondit au ſavant *Nonotte* il y a quelques années ; je remets ſous vos yeux ce petit écrit ; il a déja été imprimé, mais comme vous avez donné une nouvelle édition de vos œuvres judaïques, je puis auſſi en donner une des œuvres chrétiennes de Mr. Damilaville.

Eclaircissement historique, à l'occasion d'un libelle calomnieux contre l'Essai sur les mœurs, & l'Esprit des Nations, par Mr. Damilaville.

S'il s'agit de goût, on ne doit répondre à personne, par la raison qu'il ne faut pas disputer des goûts : mais est-il question d'histoire ? s'agit-il de discuter des faits intéressants ? on peut répondre au dernier des barbouilleurs, parce que l'intérêt de la vérité doit l'emporter sur le mépris des libelles. Ceci sera donc un procès par-devant le petit nombre de ceux qui étudient l'histoire, & qui doivent juger.

Un ex-jésuite nommé *Nonotte*, savant comme un prédicateur, & poli comme un homme de collège, s'avisa d'imprimer un gros livre intitulé *les erreurs de l'auteur de l'Essai sur les mœurs & l'esprit des nations* ; cette entreprise était d'autant plus admirable que ce *Nonotte* n'avait jamais étudié l'histoire. Pour mieux vendre son livre, il le farcit de sottises, les unes dévotes, les autres calomnieuses ; car il avait ouï dire que ces deux choses réussissent.

Première sottise de NONOTTE.

Le libelliste accuse l'auteur de l'*Essai sur les mœurs*, d'avoir dit ; *L'ignorance chrétienne se représente Dioclétien comme un ennemi armé sans cesse contre les fidèles*.

Il n'y a point dans le texte, *L'ignorance chrétienne*; il y a dans toutes les éditions, *L'ignorance se représente d'ordinaire Dioclétien* &c. On voit assez comment un mot de plus ou de moins change la vérité en mensonge odieux. Ce premier trait peut faire juger de *Nonotte*.

Seconde sottise de NONOTTE, sur un édit de l'empereur.

Il s'agit d'un chrétien qui déchira, & qui mit en pièces publiquement un édit Impérial. L'auteur de l'*Essai sur les mœurs* appelle ce chrétien *indiscret.* Le libelliste le justifie, & dit : *Un semblable édit n'était-il pas évidemment injuste ?* &c.

Je dois observer que c'est trop soutenir des maximes tant condamnées par tous nos parlemens. Quelque injuste que puisse paraître à un particulier un édit de son souverain, il est criminel de lèze-majesté quand il le déchire & le foule aux pieds publiquement. L'auteur du libelle devroit savoir qu'il faut respecter les rois & les loix.

Si *Nonotte* avait à faire à quelque savant en *us*, ce savant lui dirait : » Monsieur, vous êtes un ignorant ou » un fripon : vous dites dans votre » pieux libelle (page 20) que ce n'est » pas le premier édit de *Dioclétien*, mais » le second, qu'un chrétien d'une qua- » lité distinguée déchira publiquement.

» Premièrement, il importe fort peu » que ce chrétien ait été de la plus haute » qualité. Secondement, s'il était de la

» plus haute qualité, il n'en était que
» plus coupable.

» Troisièmement, l'histoire ecclésiasti-
» que de *Fleury* dit expressément (page
» 428, tome II.) que ce fut le premier
» édit, portant seulement privation des
» honneurs & des dignités, que ce chré-
» tien de la plus haute qualité déchira
» publiquement, en se moquant des
» victoires des Romains sur les Goths
» & sur les Sarmates, dont l'édit faisait
» mention.

» Si vous avez lu *Eusebe*, dont *Fleury*
» a tiré ce fait, vous avez tort de falsi-
» fier ce passage. Si vous ne l'avez pas
» lu, vous avez plus tort encore. Donc
vous êtes un ignorant ou un fripon.

Voilà ce qu'on vous dirait, mais dans un siècle comme le nôtre, on se gardera bien de se servir d'un pareil stile.

Troisième sottise de NONOTTE sur MARCEL.

Un centurion nommé *Marcel*, dans une revue auprès de Tanger en Mauritanie, jetta fa ceinture militaire & fes armes, & cria, *Je ne veux plus fervir ni les empereurs, ni leurs dieux.*

L'auteur du libelle trouve cette action fort raifonnable ; & il fait un crime à l'auteur de l'*Effai fur les mœurs* ; de dire que le zèle de ce centurion n'était pas fage ; mais il n'en eft pas dit un mot dans l'*Effai fur les mœurs* ; c'eft dans un autre ouvrage qu'il en eft parlé. Au refte, je demande fi un capitaine calvinifte ferait bien reçu dans une revue à jetter fes armes, & à dire qu'il ne veut plus combattre pour le Roi & pour la Ste. Vierge. Ne ferait-il pas mieux de fe retirer paifiblement ?

Quatrième sottise de NONOTTE, sur St. ROMAIN.

Notre libelliste trouve beaucoup d'impiété à nier l'avanture du jeune St. Romain. L'*Essai sur les mœurs* ne parle point de ce St. Romain ; mais voici ce qui en est rapporté dans des *mélanges de littérature & d'histoire*.

» Il est bien vraisemblable que la juste
» douleur des chrétiens se répandit en
» plaintes exagérées. Les *actes sincères*
» nous racontent que l'empereur étant
» dans Antioche, le préteur condamna
» un enfant chrétien nommé *Romain* à
» être brûlé ; que des Juifs présens à
» ce supplice se mirent méchamment à
» rire, en disant, *Nous avons eu autre-*
» *fois trois petits garçons, Sidrac, Mi-*
» *drac, & Abdenago, qui ne brûlerent*
» *point dans la fournaise, & ceux-ci brû-*
» *lent.* Dans l'instant, pour confondre
» les Juifs, une grande pluie éteignit
» le bûcher, & le petit garçon en sortit

» fain & fauf, en demandant, *où eſt*
» *donc le feu?* Les *actes ſincères* ajoutent
» que l'empereur le fit délivrer, mais
» que le juge ordonna qu'on lui coupât
» la langue. Il n'eſt guères poſſible qu'un
» juge ait fait couper la langue à un
» petit garçon à qui l'empereur avait
» pardonné.

„ Ce qui ſuit eſt plus ſingulier. On
» prétend qu'un vieux médecin chrétien
» nommé *Ariſton*, qui avait un biſtouri
» tout prêt, coupa la langue de cet en-
» fant pour faire ſa cour au préteur. Le
» petit *Romain* fut auſſi-tôt renvoyé en
» priſon. Le geolier lui demanda de ſes
» nouvelles; l'enfant raconta fort au
» long comment un vieux médecin lui
» avait coupé la langue. Il faut noter
» que le petit enfant avant cette opéra-
» tion était extrêmement bègue, mais
» qu'alors il parlait avec une volubilité
» merveilleuſe. Le geolier ne manqua
» pas d'aller raconter ce miracle à l'em-
» pereur. On fit venir le vieux méde-

» cin ; il jura que l'opération avait été
» faite dans les regles de l'art, & mon-
» tra la langue de l'enfant qu'il avait
» conservée proprement dans une boëte.
» Qu'on fasse venir, dit-il, le premier
» venu, je m'en vais lui couper la lan-
» gue en préfence de votre majefté, &
» vous verrez s'il pourra parler. On prit
» un pauvre homme à qui le médecin
» coupa jufte autant de langue qu'il en
» avait coupé au petit enfant ; l'homme
» mourut fur le champ. »

Je veux croire que les *actes* qui rapportent ce fait, font auffi *fincères* qu'ils en portent le titre ; mais ils font encore plus finguliers que fincères.

C'eft maintenant au lecteur judicieux à voir s'il n'eft pas permis de douter un peu de ce miracle. L'auteur du libelle peut auffi croire, s'il veut, l'apparition du *Labarum*; mais il ne doit point injurier ceux qui ne font pas de cet avis.

Cinquième sottise de NONOTTE, sur l'empereur JULIEN.

On peut s'épuiser en invectives contre l'empereur *Julien* ; on n'empèchera pas que cet empereur n'ait eu des mœurs très-pures : on doit le plaindre de n'avoir pas été chrétien, mais il ne faut pas le calomnier. Voyez ce que *Julien* écrit aux Alexandrins sur le meurtre de l'évêque *George*, ce grand persécuteur des athanasiens..... *Au-lieu de me réserver la connaissance de vos injures, vous vous êtes livrés à la colère, & vous n'avez pas eu honte de commettre les mêmes excès qui vous rendaient vos adversaires si odieux.* *Julien* les reprend en empereur & en père. Qu'on lise toutes ses lettres, & qu'on voye s'il y a jamais eu un homme plus sage & plus modéré. Quoi donc ! parce qu'il a eu le malheur de n'être pas chrétien, n'aura-t-il eu aucune vertu ? *Ciceron*, *Virgile*, les *Catons*, les *Antonins*, *Pythagore*, *Zaleucus*, *Socrate*,

Platon, *Epictète*, *Licurgue*, *Solon*, *Aristide*, les plus sages des hommes, auront-ils été des monstres parce qu'ils auront eu le malheur de n'être pas de notre religion.

SIXIÈME SOTTISE SUR LA LÉGION THÉBAINE.

L'auteur du libelle fait des efforts assez plaisans (page 28) pour accréditer la fable de la légion Thébaine, toute composée de chrétiens, toute entière environnée dans une gorge de montagne, où l'on ne peut pas mettre deux cent hommes en bataille, aux pieds du grand St. Bernard, où cent hommes bien retranchés arrèteraient une armée; voici les preuves que notre critique judicieux donne de l'autenticité de cette avanture; il les a copiées du Pédagogue chrétien.

Eucher, dit-il, (qui raporte cette histoire deux cent ans après l'événement) *était riche*, donc il disait vrai. *Eucher l'avait entendu raconter à Isac évêque de*

Geneve, qui fans doute était riche auffi. *Ifac* difait tenir le tout d'un évêque nommé *Théodore*, qui vivait cent ans après ce maffacre. Voilà en vérité des preuves mathématiques. Je prie le libellifte de venir faire un tour au grand St. Bernard; il verra de fes yeux s'il eft aifé d'y entourer & d'y maffacrer une légion toute entière. Ajoutons qu'il eft dit que cette légion venait d'Orient, & que le mont St. Bernard n'eft pas affurément le chemin en droiture. Ajoutons encore qu'il eft dit que c'était pour la guerre contre les Bagaudes, & que cette guerre alors était finie. Ajoutons fur-tout que cette fable tant chantée par tous les légendaires fut écrite par *Grégoire de Tours* qui l'attribua à *Euchérius* mort en 454, & remarquons que dans cette légende fuppofée écrite en 454, il eft beaucoup parlé de la mort d'un *Sigifmond* roi de Bourgogne, tué en 523.

Il eft de quelque utilité d'apprendre aux ignorans impofteurs de nos jours que leur tems eſt paſſé & qu'on ne croit plus ces miſérables ſur leur parole.

On propoſa à *Nonotte* de marier les ſix mille ſoldats de la légion Thébaine avec les onze mille vierges ; mais ce pauvre ex-jéſuite n'avait pas les pouvoirs.

Septième sottise, sur AMMIEN MARCELLIN, et sur un passage important.

Le libelliſte s'exprime ainſi page 48. ».... » *Ammien Marcellin* ne dit nulle » part qu'il avait vu les chrétiens ſe » déchirer comme des bêtes féroces. » L'auteur de l'*Eſſai ſur les mœurs* ca-» lomnie en même tems *Ammien Marcellin* & les chrétiens.

Qui eſt le calomniateur, ou de vous ou de l'auteur de l'*Eſſai ſur les mœurs ?* Premièrement, vous citez faux ; il n'y a point dans le texte qu'*Ammien Marcellin ait vu* ; il y a, que de ſon tems les chrétiens ſe déchiraient. Secondement, voici les paroles d'*Ammien Marcellin*, page 223, édition de *Henri de Valois*. *His efferatis hominum mentibus... iram in Georgium episcopum verterunt, viperiis morsibus ab eo sæpius appetiti.* On demande au libelliste quel est le caractère des vipères ? Sont-elles douces ? sont-elles féroces ? d'ailleurs, a-t-on * besoin du témoignage d'*Ammien Marcellin* pour savoir que les eusébiens & les athanasiens exercerent les uns contre les autres la plus détestable fureur ? Jusqu'à quand arborera-t-on l'intolérance & le mensonge ?

---

* N. B. Mr. Damilaville pouvait citer un autre passage d'Ammien Marcellin, beaucoup plus fort. C'est à la fin du Ch. 5, liv. 22. Je me sers de la traduction très-estimée faite à Berlin, imprimée cette année 1715, n'ayant pas sous mes yeux le texte original. Voici les paroles du traducteur. *Julien avait observé qu'il n'est pas d'animaux plus ennemis de l'homme, que le sont entr'eux les chrétiens quand la religion les divise.*

Huitième sottise, sur CHARLEMAGNE.

Il accuse l'auteur de l'*Essai sur les mœurs* d'avoir dit que *Charlemagne* n'était qu'un heureux brigand. Notre libelliste calomnie souvent. L'historien appelle *Charlemagne, le plus ambitieux, le plus politique, le plus grand guerrier de son siècle.* Il est vrai que *Charlemagne* fit massacrer un jour quatre mille cinq cent prisonniers : on demande au libelliste s'il aurait voulu être le prisonnier de *St. Charlemagne* ?

Neuvième sottise, sur les rois de France bigames.

Notre homme assure à l'occasion de *Charlemagne*, que les rois *Gontran, Sigebert, Chilperic*, n'avaient pas plus d'une femme à la fois.

Notre libelliste ne sait pas que *Gontran* eut pour femmes dans le même tems *Vénerande, Mercatrude* & *Ostrégile* ;

il ne fait pas que *Sigebert* épousa *Brunehaut* du tems de sa premiere femme ; que *Cherebert* eut à la fois *Meroflède*, *Marcovése* & *Theodegilde*. Il faut encore lui apprendre que *Dagobert* eut trois femmes ; & qu'il passa d'ailleurs pour un prince très-pieux, car il donna beaucoup aux monastères. Il faut lui apprendre que son confrère *Daniel*, quelque partial qu'il puisse être, est plus honnête & plus véridique que lui. Il avoue franchement page 110 du Tome I. in-4°. que le grand *Théodebert* épousa la belle *Deuterie*, quoique le grand *Théodebert* eût une autre femme nommée *Visigalde*, & que la belle *Deuterie* eût un mari, & qu'en cela il imitait son oncle *Clotaire*, lequel épousa la veuve de *Clodomir* son frère, quoiqu'il eût déjà trois femmes.

Il résulte que *Nonotte* est excessivement ignorant, & un peu téméraire.

Dixième sottise, sur choses plus sérieuses.

Non, ex-jésuite *Nonotte*, non, la persécution n'était pas dans le génie des Romains. Toutes les religions étaient tolérées à Rome, quoique le sénat n'adoptât pas tous les dieux étrangers. Les Juifs avaient des synagogues à Rome. Les superstitieux Egyptiens, nation aussi méprisée que la Juive, y avaient élevé un temple, qui n'aurait pas été démoli sans l'avanture de *Mundus* & de *Pauline*. Les Romains, ce peuple roi, n'agiterent jamais la controverse, ils ne songeaient qu'à vaincre & à policer les nations. Il est inoui qu'ils aient jamais puni personne seulement pour la religion. Ils étaient justes. J'en prends à témoins les *Actes des Apôtres*, lorsque *St. Paul* suivant le conseil de *St. Jacques*, alla se purifier pendant sept jours de suite dans le temple de Jérusalem, pour persuader aux Juifs qu'il gardait la loi de *Moyfe*, les Juifs demanderent fa mort au proconful *Feftus*; ce *Feftus* leur répondit : « Ce n'eft point la coutume des Romains de condamner un homme avant que l'accufé ait fon accufateur devant lui & qu'on lui ait donné la liberté de fe juftifier. »

Ce fut par le fanatifme d'un faducéen ; & non d'un Romain que *St. Jacques*, frère de *Jéfus*, fut lapidé. Il eft donc très-vraifemblable que la haine implacable qu'on porte toujours à fes frères féparés de communion, fut la caufe du martyre des premiers chrétiens. J'en parlerai ailleurs : mais à préfent, ô libellifte, je ne vous en dirai mot. Je vous avertis feulement d'étudier l'hiftoire en philofophe, fi vous pouvez.

ONZIÈME SOTTISE DE NONOTTE,
SUR LA MESSE.

Notre *Nonotte* affure que la meffe était du tems de *Charlemagne* ce qu'elle eft aujourd'hui ; il veut nous tromper ; il n'y avait point de meffe baffe, & c'eft de quoi il eft queftion. La meffe fut d'abord la cène. Les fidèles s'affemblaient au troifieme étage, comme on le voit par plufieurs paffages, & furtout au chap. XX. v. 9. des *Actes des Apôtres*. Ils rompaient le pain enfemble, felon ces paroles, *Toutes les fois que vous ferez ceci, vous le ferez en mémoire de moi* : enfuite l'heure changea, l'affemblée fe fit le matin, & fut nommée la *Sinaxe* ; puis les Latins la nommerent *meffe* ; il n'y avait qu'une affemblée, qu'une meffe dans une églife; & ce terme de *mes frères* fi fouvent répété, prouve bien qu'il n'y avait point de meffes privées ; elles font du dixième fiècle. L'ex-jéfuite *Nonotte* ne connaît pas la meſſe ; il la dit pourtant. Je ne ſervirai jamais la ſienne.

DOUZIÈME SOTTISE, SUR LA CONFESSION.

Le libelliſte dit, que la confeſſion auriculaire était établie dès les premiers tems du chriſtianiſme. Il prend la confeſſion auriculaire pour la confeſſion publique. Voici l'hiſtoire fidelle de la confeſſion ; l'ignorance & la mauvaiſe foi des critiques ſervent quelquefois à éclaircir des vérités.

La confeſſion de ſes crimes, en tant qu'expiation, & conſidérée comme une choſe ſacrée, fut admiſe de tems immémorial dans tous les myſtères d'*Iſis*, d'*Orphée*, de *Mitras*, de *Cérès* : les Juifs connurent ces ſortes d'expiations, quoique dans leur loi tout fût temporel. Les peines & les punitions après la mort n'étaient annoncées ni dans le Décalogue, ni dans le Lévitique, ni dans le Deutéronome ; & aucune de ces trois loix ne parle de l'immortalité de l'ame : mais les Esséniens embrasserent dans les derniers tems la coutume d'avouer dans leurs assemblées leurs fautes publiques, & les autres Juifs se contentaient de demander pardon à Dieu dans le temple. Le grand-prêtre, le jour de l'expiation annuelle, entrait seul dans le sanctuaire, demandait pardon pour le peuple & chargeait des iniquités de la nation un bouc nommé *Hazazel* d'un nom égyptien. Cette cérémonie était entièrement égyptienne.

On offrait pour les péchés reconnus, des victimes dans toutes les religions, & on se lavait d'eau pure. Delà viennent ces fameux vers.

O faciles nimium qui tristia crimina cædis
Fluminea tolli posse putatis aquâ.

St. Jacques ayant dit dans son épître, « confessez, avouez vos fautes les uns aux autres, » les premiers chrétiens

tiens établirent cette coutume, comme la gardienne des mœurs. Les abus se glissent dans les choses les plus saintes.

Sozomène nous apprend Livre VII chap. XVI, que les évêques ayant reconnu les inconvéniens de ces confessions publiques, *faites comme sur un théatre*, établirent dans chaque église un seul prètre, sage & discret, nommé le *Pénitencier*, devant lequel les pécheurs avouaient leurs fautes, soit seul à seul, soit en présence des autres fidèles. Cette coutume fut établie vers l'an 250 de notre ère.

On connaît le scandale arrivé à Constantinople du tems de l'empereur *Théodose I*. Une femme de qualité s'accusa au pénitencier d'avoir couché avec le diacre de la cathédrale. Il faut bien que cette femme se fût confessée publiquement, puisque le diacre fut déposé, & qu'il y eut un grand tumulte. Alors *Nectarius* le patriarche abo-

L

lit la charge de pénitencier, & permit qu'on participât aux myſtères ſans ſe confeſſer; *il fut permis à chacun*, diſent Socrate & Sozomène, *de ſe préſenter à la communion ſelon ce que ſa conſcience lui dicterait.*

St. Jean Chryſoſtome, ſucceſſeur de *Nectarius*, recommanda fortement de ne ſe confeſſer qu'à Dieu: il dit dans ſa cinquième homélie, *Je vous exhorte à ne ceſſer de confeſſer vos péchés à Dieu; je ne vous produis point ſur un théatre, je ne vous contrains point de découvrir vos péchés aux hommes : déployez votre conſcience devant Dieu, montrez-lui vos bleſſures, demandez-lui les remèdes, avouez vos fautes à celui qui ne vous les reproche point; à celui qui les connait toutes, à qui vous ne pouvez les cacher.*

Dans ſon homélie ſur le pſeaume L: *Quoi! vous dis-je que vous vous confeſſiez à un homme, à un compagnon de ſervice, votre égal, qui peut vous les reprocher? non, je vous dis, confeſſez-vous à Dieu.*

On pourait alléguer plus de cinquante passages auténtiques qui établissent cette doctrine, à laquelle l'usage saint & utile de la confession auriculaire a succédé. *Nonotte* ne sait rien de tout cela. Il demeure pourtant chez une fille qu'il confesse. On dit qu'elle n'est pas belle.

Treizième sottise de NONOTTE, sur BÉRENGER.

L'article de *Bérenger* est très-curieux ; *il paraît que l'auteur de l'Essai sur les mœurs ne sait point le catéchisme des catholiques, mais qu'il est bien instruit de celui des calvinistes.*

On peut lui répondre que l'auteur de l'essai est très-bien instruit des deux catéchismes ; & il sait que tous deux condamnent les ignorans qui disent des injures sans esprit.

On passe tout ce que cet honnête homme dit sur l'eucharistie, parce qu'on respecte ce mystère autant qu'on méprise la calomnie. Il y a des choses si sacrées & si délicates, qu'il ne faut ni en disputer avec les fripons, ni en parler devant les fanatiques.

QUATORZIÈME SOTTISE DE NONOTTE,
SUR LE SECOND CONCILE DE NICÉE, ET DES IMAGES.

Nous ne réfuterons pas ce que dit le libelle au sujet du second concile de Nicée, du concile de Francfort, & des livres carolins : on sait assez que les livres carolins envoyés à Rome, & non condamnés, traitent le second concile de Nicée, *de synode arrogant & impertinent :* ce sont des faits attestés par des monumens autentiques. Ce concile de Francfort rejetta non-seulement l'adoration des images, mais encore le service le plus léger, *servitium*, c'est le mot dont il se sert. Ce ne sont pas ici des anecdotes, ce sont des pièces publiques.

Il est plaisant que l'auteur du libelle accuse l'historien d'ètre calviniste, parce que cet historien rapporte fidèlement les faits. Lui calviniste ! bon Dieu ; il n'est pas plus pour *Calvin* que pour *Ignace*.

Le culte des images est purement de discipline ecclésiastique ; il est bien certain que Jésus-Christ n'eut jamais d'images, & que les apôtres n'en avaient point. Il se peut que *St. Luc* ait été peintre, & qu'il ait fait le portrait de la vierge *Marie* ; mais il n'est point dit que ce portrait ait été adoré. Les images & les statues sont de très-beaux ornemens quand elles sont bien faites, & pourvu qu'on ne leur attribue pas des vertus occultes & une puissance ridicule, les ames pieuses les révèrent, & les gens de goût les estiment : on peut s'en tenir là sans être calviniste : on peut même se moquer du tableau de *St. Ignace* qu'on a vu longtems chez les jésuites à Paris : ce grand saint y est représenté montant au ciel dans un carrosse à quatre chevaux blancs : les jésuites auront de la peine à faire servir dorénavant cette peinture de tableau d'autel dans les églises de Paris.

QUINZIÈME SOTTISE DE NONOTTE,
SUR LES CROISADES.

Le bon sens de l'auteur du libelle se remarque dans les éloges qu'il fait de l'entreprise des croisades, & de la manière dont elles furent conduites; mais il permettra qu'on doute que des mahométans ayent voulu choisir pour leur soudan un prince chrétien leur ennemi mortel, & leur prisonnier, qui ne connaissait ni leurs mœurs, ni leur langue.

L'auteur de l'*Essai sur les mœurs & l'esprit des nations*, dit que Constantinople fut prise pour la première fois par les Francs en 1204, & qu'avant ce tems aucune nation étrangère n'avait pu s'emparer de cette ville. L'auteur du libelle appelle cette vérité une erreur grossière, sous prétexte que quelques empereurs étaient rentrés en victorieux dans Constantinople après des séditions. Quel rapport, je vous prie, ces séditions peuvent-elles avoir avec la translation de l'empire Grec aux Latins ?

Seizième sottise de NONOTTE, sur les Albigeois.

L'article des *Albigeois* est un de ceux où l'auteur du libelle montre le plus d'ignorance, & déploie le plus de fureur. Il est certain qu'on imputa aux Albigeois des crimes qui ne sont pas même dans la nature humaine : on ne manqua pas de les accuser de tenir des assemblées secrettes, dans lesquelles les hommes & les femmes se mêlaient indifféremment, après avoir éteint la lumière. On sait que de pareilles horreurs ont été imputées aux premiers chrétiens, & à tous ceux qui ont voulu être réformateurs. On les accusa encore d'être manichéens, quoiqu'ils n'eussent jamais entendu parler de Manès.

L'infortuné comte de Toulouse *Raimond VI.* contre lequel on fit une croisade pour le dépouiller de son état, était très-éloigné des erreurs de ces pauvres Albigeois : on a encore sa lettre à l'abbé & au chapitre de Cîteaux, dans laquelle il se plaint des hérétiques, & demande main forte. C'est un grand exemple du pouvoir abusif que les moines avaient alors en France. Un souverain se croyait obligé de demander la protection d'un abbé de Cîteaux : il n'obtint que trop ce qu'il avait imprudemment demandé. Un abbé de Clervaux, devenu cardinal & légat du pape, marcha avec une armée pour secourir le comte de Toulouse, & le premier secours qu'il lui donna, fut de ravager Beziers & Cahors en 1187. Le pays fut en proie aux excommunications & au glaive à plus d'une reprife, jufqu'à l'année 1207 que le comte de Touloufe commença à fe repentir d'avoir appellé dans fa province des légats qui égorgeoient & pillaient les peuples au-lieu de les convertir.

Un moine de Citeaux nommé *Pierre Caftelneau*, l'un des légats du pape, fut tué dans une querelle par un inconnu; on en accufa le comte de Touloufe, fans en avoir la moindre preuve. Le fiège de Rome en ufa alors comme il en avoit ufé tant de fois avec prefque tous les princes de l'Europe : il donna au premier occupant les états du comte de Touloufe, fur lefquels il n'avait pas plus de droit que fur la Chine ou fur le Japon. On prépara dès-lors une croifade contre ce defcendant de *Charlemagne* pour venger la mort d'un moine.

Le pape ordonna à tous ceux qui étaient en péché mortel de fe croifer, leur offrant le pardon de leurs péchés à cette seule condition, & les déclarant excommuniés, si, après s'être croisés, ils n'allaient pas mettre le Languedoc à feu & à sang.

Alors le duc de *Bourgogne*, les comtes de *Nevers*, de *St. Pol*, d'*Auxerre*, de *Genève*, de *Poitiers*, de *Forez*, plus de mille seigneurs châtelains, les archevêques de Sens, de Rouen, les évêques de Clermont, de Nevers, de Bayeux, de Lisieux, de Chartres, assemblèrent, dit-on, près de deux cent mille hommes pour gagner des pardons & des dépouilles. Ces deux cent mille dévots étaient sans doute en péché mortel.

Tout cela présente l'idée du gouvernement le plus insensé, ou plutôt de la plus exécrable anarchie.

Le comte de Toulouse fut obligé de conjurer l'orage. Ce malheureux prince fut assez faible pour céder d'abord au pape sept châteaux qu'il avait en Provence. Il alla à Valence, & fut mené nud en chemise devant la porte de l'églife, & là il fut battu de verges comme un vil fcélérat qu'on fouette par la main du bourreau : il ajoute à cette infamie celle de fe joindre lui-même aux croifés contre fes propres fujets. On fait la fuite de cette déplorable révolution ; on fait combien de villes furent mifes en cendres, combien de familles expirerent par le fer & par les flammes.

L'hiftoire des Albigeois rapporte au chapitre 6, que le clergé chantait, *Veni fancte Spiritus*, aux portes de Carcaffone, tandis qu'on égorgeait tous les habitans du fauxbourg, fans diftinction de fexe ni d'âge ; & il fe trouve aujourd'hui un *Nonotte* qui ofe canonifer ces abominations, & qui imprime dans Avignon que c'eft ainfi qu'il falait traiter au nom de Dieu les princes & les peuples. *Nonotte* veut qu'on mette à feu & à fang tous les Languedochiens qui ne vont pas à la meffe. Il eft *mitis corde*.

Après avoir frémi de tant d'horreurs, il eft peut-être affez inutile d'examiner si les comtes de *Foix*, de *Comminges* & de *Béarn*, qui combattirent avec le roi d'Arragon pour le comte *Raimond de Toulouse*, contre le sanguinaire *Montfort*, étaient des hérétiques; le libelliste l'assure; mais apparemment qu'il en a eu quelque révélation. Est-on donc hérétique pour prendre les armes en faveur d'un prince opprimé? Il est vrai qu'ils furent excommuniés, selon l'usage aussi absurde qu'horrible de ce tems-là; mais qui a dit à ce *Nonotte* que ces seigneurs étaient des hérétiques?

Qu'il dise tant qu'il voudra que Dieu fit un miracle en faveur du comte de *Montfort*; ce n'est pas dans ce siècle-ci qu'on croira que Dieu change le cours de la nature, & fait des miracles pour verser le sang humain.

DIX-SEPTIÈME SOTTISE DE NONOTTE,
SUR LES CHANGEMENTS FAITS DANS L'ÉGLISE.

Le libelliste s'imagine qu'on a manqué de respect à l'église catholique, en rapportant les diverses formes qu'elle a prises.

Peut-on ignorer que tous les usages de l'église chrétienne ont changé depuis Jésus-Christ ? La nécessité des tems, l'augmentation du troupeau, la prudence des pasteurs ont introduit ou aboli des loix & des coutumes. Presque tous les usages des églises grecques & latines different. D'abord il n'y eut point de temples, & *Origène* dit que les chrétiens n'admettent ni temples ni autels ; plusieurs premiers chrétiens se firent circoncire ; le plus grand nombre s'abstint de la chair de porc. La *consubstantiabilité* de Dieu & de son fils ne fut établie publiquement, & ce mot *consubstantiel* ne fut connu qu'au premier concile de

Nicée. *Marie* ne fut déclarée mère de Dieu qu'au concile d'Ephèfe en 431, & Jéfus ne fut reconnu clairement pour avoir deux natures, qu'au concile de Calcédoine, en 451; deux volontés ne furent conftatées qu'à un concile de Conftantinople, en 680. L'églife entière fut fans images pendant près de trois fiècles; on donna pendant fix cent ans l'euchariftie aux petits enfants; prefque tous les pères des premiers fiècles attendirent le règne de mille ans. Ce fut très-longtems une créance générale, que tous les enfants morts fans baptême étaient condamnés aux flammes éternelles; *St. Auguftin* le déclare expreffément: *parvulos non regeneratos ad æternam mortem*: livre de la perfévérance, cap. 13. Aujourd'hui l'opinion des limbes a prévalu. L'églife romaine n'a reconnu la proceffion du St. Efprit par le père & le fils que depuis *Charlemagne*.

Tous les pères, tous les conciles crurent jufqu'au douzième fiècle que la vierge

Marie fut conçue dans le péché originel ; & à présent cette opinion n'est permise qu'aux seuls dominicains.

Il n'y a pas la plus légere trace de l'invocation publique des saints avant l'an 375. Il est donc clair que la sagesse de l'église a proportionné la créance, les rites, les usages aux tems & aux lieux. Il n'y a point de sage gouvernement qui ne se soit conduit de la sorte.

L'auteur de l'*Essai sur les mœurs* a rapporté d'une manière impartiale les établissements introduits ou remis en vigueur par la prudence des pasteurs. Si ces pasteurs ont essuyé des schismes, si le sang a coulé pour des opinions, si le genre humain a été troublé, rendons graces à Dieu de n'ètre pas nés dans ces tems horribles. Nous sommes assez heureux pour qu'il n'y ait aujourd'hui que des libelles.

DIX-HUITIÈME SOTTISE DE NONOTTE, SUR JEANNE D'ARC.

Que cet homme charitable insulte encore aux cendres de *Jean Hus* & de *Jérôme de Prague*, cela est digne de lui; qu'il veuille nous perfuader que *Jeanne d'Arc* était infpirée, & que Dieu envoyait une petite fille au fecours de *Charles VII* contre *Henri VI*, on pourra rire; mais il faut au moins relever la mauvaife foi avec laquelle il falfifie le procès verbal de *Jeanne d'Arc*, que nous avons dans les actes de *Rymer*.

Interrogée en 1431, elle dit qu'elle eft âgée de vingt-neuf ans ; donc, quand elle alla trouver le roi en 1429, elle avoit vingt-fept ans : donc, le libellifte eft un affez mauvais calculateur, quand il affure qu'elle n'en avoit que dix-neuf. Il falloit douter.

Il convient de mettre le lecteur au fait de la véritable hiftoire de *Jeanne d'Arc* furnommée *la Pucelle*. Les particularités e son avanture sont très-peu connues pourront faire plaisir aux lecteurs.

Paul Jove dit que le courage des rançais fut animé par cette fille, & e garde bien de la croire inspirée. Ni *Robert Gagain*, ni *Paul Emile*, ni *Polidore Virgile*, ni *Génebrar*, ni *Philippe e Bergame*, ni *Papire Masson*, ni même *ariana*, ne disent qu'elle était envoyée e Dieu ; & quand *Mariana* le jésuite 'auroit dit, en vérité cela ne m'en iposerait pas.

Mezerai conte, que le prince de la milice céleste lui apparut ; j'en suis fâché our *Mezerai*, & j'en demande pardon u prince de la milice céleste.

La plupart de nos historiens qui se copient tous les uns les autres, supposent que la *pucelle* fit des prédictions & qu'elles s'accomplirent. On lui fait dire u'elle chassera les Anglais hors du royaue, & ils y étaient encore cinq ans après a mort. On lui fait écrire une longue ettre au roi d'Angleterre, & assurément

elle ne favait ni lire, ni écrire; on n[e]
donnait pas cette éducation à une fer[-]
vante d'hôtellerie dans le Barrois; [&]
fon procès porte qu'elle ne favait pa[s]
figner fon nom.

Mais, dit-on, elle a trouvé une épé[e]
rouillée dont la lame portait cinq fleur[s]
de-lys d'or gravées, & cette épée étai[t]
cachée dans l'églife de Ste. Catherine d[e]
Fierbois à Tours. Voilà certes un gran[d]
miracle !

La pauvre *Jeanne d'Arc* ayant été prif[e]
par les Anglais, en dépit de fes prédic[-]
tions & de fes miracles, foutint d'abor[d]
dans fon interrogatoire que *Ste. Catherin*[e]
& *Ste. Marguerite* l'avaient honorée d[e]
beaucoup de révélations. Je m'étonn[e]
qu'elle n'ait rien dit de fes converfa[-]
tions avec le prince de la milice célefte[.]
Apparemment que ces deux Stes. aimaien[t]
plus à parler que St. Michel. Ses juges l[a]
crurent forcière, & elle fe crut infpirée[.]
Ce ferait là le cas de dire, *ma foi, jug*[es]
& plaideurs, il faudrait tout lier, fi l'o[n]

pouvait se permettre la plaisanterie sur de telles horreurs.

Une grande preuve que les capitaines de *Charles VII.* employaient le merveilleux pour encourager les soldats dans l'état déplorable où la France était réduite, c'est que *Saintrailles* avoit son berger, comme le comte de *Dunois* avait sa bergère. Ce berger faisait ses prédictions d'un côté, tandis que la bergère les faisait de l'autre.

Mais malheureusement la prophétesse du comte de *Dunois* fut prise au siège de Compiegne par un bâtard de *Vendôme*, & le prophète de *Saintrailles* fut pris par *Talbot*. Le brave *Talbot* n'eut garde de faire brûler le berger. Ce *Talbot* était un de ces vrais Anglais qui dédaignent les superstitions, & qui n'ont pas le fanatisme de punir les fanatiques.

Voilà, ce me semble, ce que les historiens auraient dû observer, & ce qu'ils ont négligé.

La *pucelle* fut amenée à *Jean de Luxembourg* comte de Ligni. On l'enferm[a] dans la forteresse de Beaulieu, ensuit[e] dans celle de Beaurevoir, & delà dan[s] celle de Crotoy en Picardie.

D'abord *Pierre Cauchon* évêque d[e] Beauvais, qui était du parti du ro[i] d'Angleterre contre son roi légitime revendique la *pucelle* comme une sor[-] cière arrêtée sur les limites de sa mé[-] tropole. Il veut la juger en qualité d[e] sorcière. Il appuyait son prétendu droi[t] d'un insigne mensonge. *Jeanne* avait ét[é] prise sur le territoire de l'évêché d[e] Noyon : & ni l'évêque de Beauvais, [ni] l'évêque de Noyon n'avaient assurément le droit de condamner personne ; & encore moins de livrer à la mort une sujette du duc de Lorraine, & une guerrière à la solde du roi de France.

Il y avait alors (qui le croirait!) un vicaire-général de l'inquisition en France, nommé frère *Martin*. C'était bien là un des plus horribles effets de a subversion totale de ce malheureux pays. Frère *Martin* réclama la prisonière comme *sentant l'héréfie, odorantem herefim*. Il somma le duc de Bourgogne & le comte de Ligni, *par le droit de son office, & de l'autorité à lui commise par le St. Siège, de livrer* Jeanne *à la sainte inquisition*.

La Sorbonne se hâta de seconder frère *Martin* : elle écrivit au duc de Bourgogne & à *Jean de Luxembourg* : „ Vous avez
» employé votre noble puissance à ap-
» préhender icelle femme qui se dit la
» *pucelle*, au moyen de laquelle l'hon-
» neur de Dieu a été sans mesure offen-
» sé, la foi excessivement blessée, &
» l'église trop fort deshonorée ; car par
» son occasion, idolâtrie, erreurs, mau-
» vaise doctrine & autres maux inesti-
» mables se sont ensuivis en ce royau-
» me.... mais peu de chose serait avoir
» fait telle prinse, si ne s'ensuivait ce
» qu'il appartient pour satisfaire l'offense
» par elle perpétrée contre notre doux

» créateur & sa foi, & sa sainte église,
» avec ses autres méfaits innuméra
» bles..... & si, seroit intolérable of-
» fense contre la majesté divine s'il arri-
» vait qu'icelle femme fût délivrée.

Enfin la *pucelle* fut adjugée à *Pierr Cauchon*, qu'on appellait l'indigne évêque, l'indigne Français & l'indigne homme. *Jean de Luxembourg* vendit la *pucelle* à *Cauchon* & aux Anglais pour dix mille livres, & le duc de *Bedfort* les paya. La Sorbonne, l'évêque & frère *Martin*, présenterent alors une nouvelle requète à ce duc de *Bedfort* régent de France : *En l'honneur de notre Seigneur & Sauveur Jésus-Christ, pour qu'icelle* Jeanne *fût brièvement mise ès mains de la justice de l'église.* Jeanne fut conduite à Rouen. L'archevêché était alors vacant, & le chapitre permit à l'évêque de Beauvais, de *besogner* dans la ville. C'est le terme dont on se servit.) Il choisit pour ses assesseurs neuf docteurs de Sorbonne avec trente cinq autres assistans abbés.

moines. Le vicaire de l'inquisition, *artin*, présidoit avec *Cauchon* ; & comme il n'étoit que vicaire il n'eut que la conde place.

Il y eut quatorze interrogatoires ; ils nt singuliers. Elle dit qu'elle a vu *inte Catherine & sainte Marguerite* à itiers. Le docteur *Beaupère* lui demanda, à quoi elle a reconnu les deux intes ? elle répond que c'est à leur anière de faire la révérence. *Beaupère* demanda si elles sont bien jaseuses ? lez, dit-elle, le voir sur le régistre. *aupère* lui demanda si quand elle a vu . *Michel* il étoit tout nud ? elle rénd : Pensez-vous que notre Seigneur 'eût de quoi le vêtir ?

Voilà le ridicule, voici l'horrible. Un de ses juges, docteur en théolo- & prêtre, nommé *Nicolas l'oiseleur*, nt la confesser dans la prison. Il usé du sacrement jusqu'au point de cher derrière un morceau de serge eux prêtres qui transcrivent la coufeſſion de *Jeanne d'Arc*. Ainſi les juge employerent le ſacrilège pour être h micides. Et une malheureuſe idiote, qu avait eu aſſez de courage pour rendr de très-grands ſervices au roi & à l patrie, fut condamnée à être brûlé par quarante-quatre prêtres Françai qui l'immolaient à la faction de l'Angle terre.

On ſait aſſez comment on eut l baſſeſſe artificieuſe de mettre auprè d'elle un habit d'homme pour la tente de reprendre cet habit, & avec quelle abſurde barbarie on prétexta cette prétendue tranſgreſſion pour la condamner aux flammes, comme ſi c'était dans une fille guerrière un crime digne du feu, de mettre une culotte au lieu d'une jupe. Tout cela déchire le cœur, & fait frémir le ſens commun. On ne conçoit pas comment nous oſons, après les horreurs ſans nombre dont nous avons été coupables, appeller aucun peuple du nom de barbare.

La

La plupart de nos historiens, plus amateurs des prétendus embellissemens de l'histoire que de la vérité, disent que *Jeanne* alla au supplice avec intrépidité ; mais comme le portent les chroniques du tems, & comme l'avoue Mr. de *Villaret*, elle reçut son arrêt avec des cris & avec des larmes ; faiblesse pardonnable à son sexe, & peut-être au nôtre, & très-compatible avec le courage que cette fille avait déployé dans les dangers de la guerre ; car on peut être hardi dans les combats, & sensible sur l'échaffaut.

Je dois ajouter ici que plusieurs personnes ont cru sans aucun examen que la *pucelle d'Orléans* n'avoit point été brûlée à Rouen, quoique nous ayons le procès verbal de son exécution. Elles ont été trompées par la relation que nous avons encore, d'une avanturière qui prit le nom de la *pucelle*, trompa les frères de *Jeanne d'Arc*, & à la faveur de cette imposture épousa en Lorraine un gentilhomme de la maison des *Armoises*. Il y eut deux autres friponnes qui se firent aussi passer pour la *pucelle d'Orléans*. Toutes les trois prétendirent qu'on n'avoit point brûlé *Jeanne*, & qu'on lui avoit substitué une autre femme; de tels contes ne peuvent être admis que par ceux qui veulent être trompés.

Apprends, *Nonotte*, comme il faut étudier l'histoire quand on ose en parler.

DIX-NEUVIÈME SOTTISE DE NONOTTE, SUR RAPIN THOIRAS.

Il attaque, page 185, l'exact & judicieux *Rapin de Thoiras*; il dit qu'il n'étoit ni de son goût, ni sûr pour lui, de se déclarer pour la *pucelle d'Orléans*. Ne voulait-il pas un homme bien instruit des mœurs de l'Angleterre? Un auteur y écrit assurément tout ce qu'il veut, & avec la plus entière liberté : & d'ailleurs, le gentilhomme que ce libelliste infulte ne compofa point fon hiftoire en Angleterre, mais à Vefel, où il a fini fa vie.

Il faut ajouter ici un mot fur l'avanture miraculeufe de *Jeanne d'Arc.* Ce ferait un plaifant miracle que celui d'envoyer exprès une petite fille au fecours des François contre les Anglois, pour la faire brûler enfuite !

Vingtième sottise de NONOTTE, sur MAHOMET II, et de la prise de Constantinople.

L'auteur du libelle renouvelle le beau conte de *Mahomet II*, qui coupa la tête à fa maîtreffe *Irène* pour faire plaifir à fes janiffaires. Ce conte eft affez refuté par les annales turques, & par les mœurs du ferrail, qui n'ont jamais permis que le fecret de l'empereur fût exposé aux raisonnements de la milice.

Il nie que la moitié de la ville de Constantinople ait été prise par composition; mais les annales turques rédigées par le prince *Cantemir*, & les églises grecques qui subsisterent, sont d'assez bonnes preuves que le libelliste ne connait pas plus l'histoire des Turcs que la nôtre.

Vingt-unième sottise de NONOTTE, sur la taxe des péchés.

L'auteur du libelle demande, *où est cette licence deshonorante, cette taxe honteuse, ces prix faits, &c. qui avoient passé en coutume, en droit & en loi ?* Qu'il lise donc la taxe de la chancellerie romaine, imprimée à Rome en 1514 chez *Marcel Silbert* au champ de *Flore*, & l'année d'après à Cologne, chez *Gosvinus Colinius*; enfin à Paris en

1520 chez *Touſſaint Denys*, rue St. Jacques. Le premier titre eſt, *De cauſis matrimonialibus.*

In cauſis matrimonialibus, pro contractu quarti gradûs, taxa eſt turonenſes ſeptem, ducatus unus, carlini ſex.

Faut-il que ce pauvre homme nous oblige ici de dire, que dans le titre 18 on donne l'abſolution pour cinq carlins à celui qui a connu ſa mère? que pour un père & une mère qui auront tué leur fils, il n'en coûte que ſix tournois & deux ducats? & ſi on demande l'abſolution du péché de Sodomie & de la beſtialité, avec la clauſe inhibitoire, il n'en coûte que trente-ſix tournois & neuf ducats. Après de telles preuves, que ce libelliſte ſe taiſe ou qu'il paye pour ſes péchés.

VINGT-DEUXIÈME SOTTISE, SUR LE DROIT DES SÉCULIERS DE CONFESSER.

Il demande où l'historien a pris que les séculiers, & les femmes mêmes avaient droit de confesser ? Où mon pauvre ignorant ? dans *St. Thomas* pag. 255 de la IIIe partie, édition de Lyon 1738. *Confessio ex defectu sacerdotis à laïco facta sacramentalis est quodammodo.* Ignorez-vous combien d'abbesses confesserent leurs religieuses ? On ne peut mieux faire que de rapporter ici une partie d'une lettre d'un très-savant homme, datée de Valence du 1 Février 1769, concernant cet usage que *Nonotte* ignore.

L'auteur demande *si on pourait lui citer quelque abbesse qui ait confessé ses religieuses ?*

On lui répondra avec Mr. l'abbé *Fleuri*, liv. 76 tom. XVI, pag. 246 de l'*Histoire ecclésiastique*, „ qu'il y avait en

» Espagne des abbesses qui donnaient la
» bénédiction à leurs religieuses, en-
» tendaient leurs confessions & prê-
» chaient publiquement lisant l'évan-
» gile, que ce fait paraît par une let-
» tre du pape du 10 Décembre 1210.
» C'est (*Innocent* III.) &c.

J'ajoute à la remarque de ce vrai savant l'autorité de *St. Basile* dans ses
Regles abrégées, tom. II. pag. 453. Il
est permis à l'abbesse d'entendre avec
le prêtre les confessions de ses religieuses. J'ajoute encore que le père *Mar-
tène* dans ses *Rites de l'église*, tom. II.
pag. 39, affirme que les abbesses con-
fessaient d'abord leurs nonnes, & qu'elles étaient si curieuses qu'on leur ôta
ce droit. Nous parlerons encore de
l'ignorance du confesseur *Nonotte* sur
la confession dans un autre article.

Vingt-troisieme sottise dudit NONOTTE.

L'auteur du libelle, en parlant du calvinisme, prétend que l'historien ménage toujours beaucoup *Calvin* & *Luther*. Il doit savoir assez que l'historien ne respecte que la vérité, qu'il a condamné hautement le meurtre de *Servet*, & toutes les fureurs dans la guerre, & tous les emportemens dans la paix; qu'il déteste la persécution & le fanatisme partout où il les trouve; la devise de cette histoire est; *Iliacos intra muros peccatur & extra*. Il ne fait pas plus de cas de *Luther* & de *Calvin* que du jésuite *le Tellier*. Mais il croit que *Luther*, *Calvin* & les autres auteurs de la réforme rendirent un grand service aux souverains en leur enseignant qu'aucun de leurs droits ne pouvoit dépendre d'un évêque.

Vingt-quatrieme sottise de Nonotte sur François I.

L'auteur du libelle porte l'esprit de persécution jusqu'à rapporter ce qui est imputé au roi *François I*, par *Florimond de Raymond*, cité avec tant de complaisance dans le jésuite Daniel; *Si je savais un de mes enfans entaché d'opinions contre l'église romaine, je le voudrais moi-même sacrifier.* Voilà ce que l'auteur du libelle appelle *une tendre piété*, pag. 255. Quoi! *François I* qui accordait à *Barberousse* une mosquée en France, auroit eu *une piété assez tendre* pour égorger le dauphin s'il avait voulu prier Dieu en français, & communier avec du pain levé & du vin! *François I* par une politique malheureuse auroit-il prononcé ces paroles barbares? *De Thou*, *Duhaillan* les rapportent-ils? & quand ils les auroient rapportées, quand elles seraient vraies, que faudroit-il répondre? que *François I* auroit été un père dénaturé, ou qu'il ne penfait pas ce qu'il difait. Mais il n'y a de père dénaturé que père No-notte.

VINGT-CINQUIÈME SOTTISE DE NONOTTE, SUR LA ST. BARTHELEMI.

Malheureux ! avez-vous été aidé dans votre libelle par l'auteur de l'apologie de la St. Barthelemi ? Il paraît que vous excufez ces maffacres. Vous dites qu'ils ne furent jamais prémédités : lifez donc *Mezerai*, qui avoue que *dès la fin de l'année 1570 on continuait dans le grand deffein d'attirer les huguenots dans le piège*, pag. 156 tom. V. édition d'Amfterdam. Votre *Daniel* ne dit-il pas que *Charles XI* joua bien fon rôlet ? & n'a-t-il pas copié ces paroles de l'hiftoriographe *Matthieu ?* Quel rôlet, grand Dieu ! & dans combien de mémoires ne trouve-t-on pas cette funefte vérité ?

Un critique qui se trompe n'est que méprisable : mais un homme qui excuserait la St. Barthelemi serait un coquin puniffable. Vous jouez, *Nonotte*, un indigne rôlet.

Vingt-sixième sottise de Nonotte, sur le duc de Guise, et les barricades.

Voici les paroles de *Nonotte*.

Quant à la défense que Henri III fit au duc de Guise de venir à Paris, l'auteur de l'Essai sur les mœurs dit que le roi fut obligé de lui écrire par la poste, parce qu'il n'avait point d'argent pour payer un courier.

Pauvre libelliste ! citez mieux. Il y a dans le texte ; » il écrit deux lettres, » ordonne qu'on dépêche deux couriers ; » il ne se trouve point d'argent dans » l'épargne pour cette dépense nécessaire ; on met les lettres à la poste, » & le duc de *Guise* vient à Paris, ayant

» pour excuse apparente qu'il n'a point
» reçu l'ordre.

Voulez-vous favoir maintenant d'où eſt tirée cette anecdote? des mémoires de Nevers, & d'un journal de *l'Etoile*. Vous traitez cet auteur de petit bourgeois; *l'Etoile* étoit d'une ancienne nobleſſe; mais qu'il ait été bourgeois ou fils d'un crocheteur de Beſançon, voici ſes paroles, page 95 tom. II.

» Il y avait cependant une négocia-
» tion entamée à Soiſſons entre le duc
» de *Guiſe* & *Bellièvre*, qui devait dans
» trois jours lui apporter des ſûretés
» de la part du roi. Des affaires plus
» preſſées empêcherent *Bellièvre* d'aller
» finir la commiſſion; il écrivit néan-
» moins au duc de *Guiſe* pour l'avertir
» de ſon retard; mais le commis de l'é-
» pargne (c'eſt-à-dire du tréſor royal)
» refuſa de donner vingt-cinq écus pour
» faire partir les deux couriers qu'on
» envoyait à Soiſſons; l'on mit les deux
» paquets à la poſte, & ils arriverent

» trop tard, parce que le duc de *Guife*
» preffé par les ligueurs de fe rendre
» à Paris, partit de Soiffons au bout
» de trois jours.

VINGT-SEPTIÈME SOTTISE DE NONOTTE, SUR LE PRÉTENDU SUPPLICE DE MARIE D'ARRAGON.

Il eft utile de détruire tous les contes ridicules dont les romanciers, foit moines, foit féculiers, ont inondé le moyen âge. Un *Geofroi* de Viterbe s'avifa d'écrire à la fin du douzième fiècle une chronique telle qu'on les faifait alors: il conte que deux cent ans auparavant, *Othon III* ayant époufé *Marie d'Arragon*, cette impératrice devient amoureufe d'un comte du pays de Modène, que ce jeune homme ne voulut point d'elle, que *Marie* irritée l'accufa d'avoir voulu attenter à fon honneur; que l'empereur fit décapiter le comte;

que la veuve du comte vint, la tête de fon mari à la main, demander juftice ; qu'elle offrit l'épreuve des fers ardens, qu'elle paffa fur ces fers fans les fentir, que l'impératrice au contraire fe brûla la plante des pieds, & qu'alors l'empereur la fit mourir.

Ce conte reffemble à toutes les légendes de ces fiècles de barbarie. Il n'y avoit du tems de l'empereur *Othon III* ni de *Marie d'Arragon*, ni de comte de Modène. C'eft affez qu'un ignorant ait écrit de telles fauffetés, pour que cent auteurs les copient : les *Mainbourgs* les adoptent, les *Lenglet* les répetent dans leur chronologie univerfelle, avec la bataille des ferpens, & l'avanture d'un archevêque de Mayence mangé par les rats. Toutes oes fables font faites pour être crues par notre libellifte, mais non par les honnêtes gens.

VINGT-HUITIÈME SOTTISE DE NONOTTE, SUR LA DONATION DE PEPIN.

Oui, l'on perſiſte à croire que jamais ni *Pepin*, ni *Charlemagne* ne donnerent ni la ſouveraineté de l'exarchat de Ravenne, ni Rome; 1°. parce que ſi cette donation avait été faite, les papes en auroient conſervé, en auraient montré l'inſtrument autentique; 2°. parce que *Charlemagne*, dans ſon teſtament, met Rome & Ravenne au nombre des villes qui lui appartiennent, ce qui parait déciſif; 3°. parce que les *Othons* qui allerent en Italie, ne reconnurent point cette donation, qu'elle ne fut pas même débattue, & que ſous *Othon premier* les papes n'avoient aucune ſouveraineté; 4°. parce que *Pepin* n'avait pu donner des villes ſur leſquelles il n'avoit ni droit ni prétention; 5°. parce que jamais les empereurs Grecs ne ſe plaignirent de cette prétendue donation, ni dans leurs ambassades, ni dans leurs traités. On objecte un passage d'*Eginhart*, qui dit que *Pepin* offrit la pentapole à *St. Pierre*: cela veut dire seulement qu'il la mit sous la protection de *St. Pierre*, comme *Louis XI* donna depuis le comté de Boulogne à la Ste Vierge. Les papes eurent des domaines utiles dans la pentapole comme ailleurs; mais ils ne furent souverains ni sous *Pepin*, ni sous *Charlemagne*, qui eurent la jurisdiction suprême.

Il est faux que les papes aient jamais été maîtres de l'exarchat depuis *Pepin* jusqu'à *Othon III*. Cet empereur assigna aux papes le revenu de la marche d'Ancone, & non pas la souveraineté. Voilà la véritable origine de la puissance temporelle du siège de Rome : elle commence à la fin du IIe siecle, & elle n'est bien affermie que par *Alexandre VI*.

VINGT-NEUVIÈME SOTTISE DE NONOTTE, SUR UN FAIT CONCERNANT LE ROI DE FRANCE HENRI III.

Auteur du libelle, vous dites *que vous n'avez jamais pu trouver dans quel livre il est dit que* Henri III *assiégea Livron en Dauphiné*; vous prétendez qu'il n'a jamais été assiégé, parce que ce n'est aujourd'hui qu'un bourg sans défense : mais combien de villes ont été changées en villages par le malheur des tems ! Voyez l'abrégé chronologique de *Mézerai* pag. 218 de l'édition déja citée. Voyez de *Serres*, & le livre 58 du véridique de *Thou*. Vous apprendrez que la ville de Livron fut assiégée par *Bellegarde* sous les ordres du dauphin d'Auvergne, que le roi alla lui-même au camp, que les assiégés lui reprocherent la St. Barthelemi du haut de leurs murs. Vous trouverez toute cette avanture décrite dans le recueil des choses mémorables, pag. 537; vous la trouverez dans les mémoires de *l'Etoile*, pag. 117 tome I. Vous apprendrez que ce n'était pas *Montbrun* chef du parti qui commandait dans Livron, mais *Roesses* qui fut tué dans un assaut. Vous apprendrez qu'à l'approche des assiégeans les habitans crierent du haut des murs le 13 Janvier, *Assassins, que venez-vous chercher, croyez-vous nous égorger dans nos lits comme l'amiral?* Vous saurez que les femmes combattirent sur la brèche & que ce siège fut très-mémorable. Vous saurez qu'il n'appartient pas à un pédant de collège de parler de l'histoire de France qu'il ignore.

TRENTIÈME SOTTISE DE NONOTTE, SUR LA CONVERSION DE HENRI IV.

C'est mauvaise foi dans le jésuite *Daniel*, c'est bêtise dans le libelliste, de prétendre que *Henri IV* changea de religion par conviction. En vérité, l'amant de *Gabrielle d'Etrées* qui lui parle du *faut périlleux*, l'homme que les papes avaient appellé *bâtard détestable*, le prince qu'ils avaient déclaré indigne de porter la couronne, le politique qui mandait à la reine *Elizabeth* les raisons politiques de son changement, le héros qui avait vu cent assassins catholiques armés contre sa vie, le protestant qui avait écrit à *Corisande d'Andouin*, * *& vous êtes de cette religion! j'aimerais mieux me faire Turc* : le monarque à qui *Rôni* conseilla de changer, & auquel il dit ,, il faut que vous ,, deveniez catholique, & que je res- ,, te huguenot;" ce même homme, dis-je, aurait-il cru sincèrement, que la religion romaine dont il était opprimé, était la seule bonne religion ? elle l'est

---

* Voyez la page 32 de ce quatrième tome de l'*Essai sur les mœurs*, où l'on a imprimé plusieurs lettres très-intéressantes de *Henri IV*. à *Corisande D'Andouin*.

sans doute, mais était-ce à lui de le croire, tandis qu'alors même on prêchait contre lui avec fureur, tandis qu'on avait établi contre lui cette priere publique, *délivrez-nous du Béarnois & du diable*; tandis qu'on le peignit lui-même en diable avec une queue & des cornes?

Ce grand homme si lâchement persécuté, obligé de plier son courage sous les loix de ses ennemis, ne daigna pas seulement signer la confession de foi rédigée après bien des contestations par *David Duperron*, telle qu'on la trouve dans les mémoires du duc de *Sully*, qui en fit supprimer bien des minuties. *Henri IV* la fit seulement signer par *Lomenie*.

On peut dans un vain panégyrique représenter ce héros comme un converti : mais l'histoire doit dire la vérité. *Daniel* ne l'a point dite ; cet historien parle plus avantageusement du frère *Coton*, que du plus grand roi de la France.

[On passe à *Daniel* d'avoir été assez ignorant pour appeller *Lognac*, ce chef des quarante-cinq, ce Gascon assassin du duc de Guise, *premier gentilhomme de la chambre*. On lui passe de n'avoir jamais rien su des fameux états de 1355. on lève les épaules quand il dit que les médecins ordonnerent à *Louis VIII* de prendre une fille, pour guérir de sa derniere maladie, & qu'il aima mieux mourir que de guérir par ce remède, lui qui d'ailleurs en avait un tout prêt dans son épouse, la plus belle princesse de l'Europe. On est révolté de son peu de connoissance des loix, & ennuyé de ses récits confus de batailles. Mais quand il peint *Henri IV* dévot & faisant le métier de délateur contre les protestans auprès de la république de Venise, on joint à bien peu d'estime beaucoup d'indignation.

Remarquons que l'auteur de la *Henriade* & de l'*Essai sur les mœurs & sur l'esprit des nations*, ayant lu autrefois dans *Daniel* l'hiſtoire de la première race écrite d'après Cordemoi, la trouva meilleure que celle de *Mezerai*; il lu rendit juſtice. Mais lorſqu'enſuite il lut la troiſième race, il la trouva fort infidelle & lui rendit **plus** de juſtice encore.

TRENTE-UNIÈME SOTTISE DE NONOTTE, SUR LE CARDINAL DUPERRON, ET DES ÉTATS DE 1614.

Le libelliſte donne lieu d'examiner une queſtion importante. Tous les mémoires du tems portent que le cardinal *Duperron* s'oppoſa à la publication de la loi fondamentale de l'indépendance de la couronne, qu'il fit ſupprimer l'arrèt du parlement qui confirmait cette loi naturelle & poſitive, qu'il cabala, qu'il menaça, qu'il dit publiquement que ſi un roi était arien ou mahométan, il faudrait bien le dépoſer.

Non; il faudrait lui obéir s'il avait le malheur d'être mahométan, aussi-bien que s'il était un saint chrétien. Les premiers chrétiens ne se révoltaient pas contre les empereurs païens; quel droit aurions-nous de nous révolter contre notre souverain musulman ? Les Grecs qui ont fait serment au padicha, ne seraient-ils pas criminels de violer ce serment ? Ce qui serait un crime à Constantinople ne serait pas assurément une vertu dans Paris. Et supposons (ce qui est impossible) que le roi à qui *Duperron* avait juré fidélité, fût devenu musulman, supposons que *Duperron* eût voulu le détrôner, *Duperron* eût mérité le dernier supplice.

On ne dira pas ici ce que le libelliste mérite; mais cette opinion, que l'église peut déposer les rois, est de toutes les opinions la plus absurde, & la plus punissable; & ceux qui les premiers ont osé la mettre au jour, ont été des monftres ennemis du genre-humain.

Le libellifte demande où l'on trouve les paroles de *Duperron* ? où ? dans tous les mémoires du tems, recueillis par *Le Vaſſor*, dans l'hiftoire chronologique du jéfuite *d'Avrigni*. Partout. *D'Avrigni* fur-tout prend le parti du prêtre *Duperron* contre le parlement.

TRENTE-DEUXIÈME SOTTISE DE NONOTTE, SUR LA POPULATION DE L'ANGLETERRE.

Le chevalier *Petti* a prouvé qu'il faut les circonftances les plus favorables, pour qu'une nation s'accroiffe d'un vingtième en cent années; & ce calcul fait voir le ridicule de ceux qui peuplent la terre à coups de plume, & qui couvrent le globe d'habitans en un fiècle ou deux. Le libellifte demande, *comment l'Angleterre a eu un tiers de plus de citoyens depuis la reine Elizabeth ?*

beth? On répondra à cet homme, que c'est précisément parce que l'Angleterre s'est trouvée dans les circonstances les plus favorables ; parce que des Allemands, des Flamands, des Français sont venus en foule s'établir dans ce païs ; parce que soixante mille moines, dix mille religieuses, dix mille prêtres séculiers, de compte fait, ont été rendus à l'état & à la propagation ; & parce que la population a été encouragée par l'aisance. Il est arrivé à ce royaume le contraire de ce que nous voyons dans l'état du pape, & en Portugal. Gouvernez mal votre basse-cour, vous manquerez de volaille ; gouvernez-la bien, vous en aurez une quantité prodigieuse. Oisons qui écrivez contre ces vérités utiles, puisse la basse-cour où vous êtes engraissés aux dépens de l'état, n'être plus remplie que de volatiles nécessaires !

TRENTE-TROISIEME SOTTISE DE NONOTTE, SUR L'AMIRAL DRACK.

Vous faites le favant, *Nonotte*, vous dites à propos de théologie que l'amiral *Drack* a découvert la terre d'Yeſſo. Apprenez que *Drack* n'alla jamais au Japon, encore moins à la terre d'Yeſſo; apprenez qu'il mourut en 1596, en allant à Porto-bello. Apprenez que ce fut quarante-huit ans après la mort de *Drack* que les Hollandais découvrirent les premiers cette terre d'Yeſſo en 1644. Apprenez juſqu'au nom du capitaine *Martin Jéritſon*, & de ſon vaiſſeau qui s'appellait le Caſtrécom. Croyez-vous donner quelque crédit à votre théologie en faiſant le marin ? vous êtes également ignorant ſur terre & ſur mer ; & vous vous applaudiſſez de votre livre, parce que vos bévues ſont en deux volumes.

TRENTE-QUATRIEME SOTTISE DE NONOTTE, SUR LES CONFESSIONS AURICULAIRES.

En vérité vous n'entendez pas mieux la théologie que l'histoire de la marine. L'auteur de l'*Essai sur les mœurs* a dit que selon *St. Thomas d'Aquin*, il était permis aux séculiers de confesser dans les cas urgens, que ce n'est pas tout-à-fait *un sacrement*, mais que c'est *comme sacrement*. Il a cité l'édition & la page de la somme de *Saint Thomas*; & là-dessus vous dites que tous les critiques conviennent que cette partie de la somme de *St. Thomas* n'est pas de lui, & moi je vous dis qu'aucun vrai critique n'a pu vous fournir cette défaite. Je vous défie de montrer une seule somme de *Thomas d'Aquin* où ce monument ne se trouve pas. La somme était en telle vénération qu'on n'eût pas osé y coudre l'ouvrage d'un autre. Elle fut un des premiers livres qui fortirent des prefses de Rome dès l'an 1474 ; elle fut imprimée à Venife en 1484. Ce n'eft que dans des éditions de Lyon qu'on commença à douter que la troifième partie de la fomme fût de lui. Mais il eft aifé de reconnaitre fa méthode & fon ftile qui font abfolument les mêmes.

Au refte, *Thomas* ne fit que recueillir les opinions de fon tems, & nous avons bien d'autres preuves que les laïques avaient le droit de s'entendre en confeffion les uns les autres ; témoin le fameux paffage de *Joinville*, dans lequel il rapporte qu'il confeffa le connétable de Chypre. Un jéfuite du moins devrait favoir ce que le jéfuite *Tolet* a dit dans fon livre de l'inftruction facerdotale, liv. I. Chap. XVI, ni femme ni laïc ne peut abfoudre fans privilège. *Nec feminæ nec laïcus abfolvere poſſunt ſine privilegio.* Le pape peut donc permettre aux filles de confeſſer les hommes.

Il faut inſtruire ici *Nonotte* de cette ancienne coutume de ſe confeſſer mutuellement. Il ſera bien étonné quand il apprendra qu'elle vient de la Syrie; il ſaura que les Juifs mêmes ſe confeſſaient les uns aux autres, dans les grandes occaſions, & ſe donnaient mutuellement trente-neuf coups de fouet ſur le derriere en récitant un verſet du pſeaume LXXVII.

Il ſerait bon que *Nonotte* ſe confeſſât ainſi de toutes les petites calomnies dont il eſt coupable.

On pourait faire plus de cent remarques pareilles; mais il faut ſe borner.

Si tu n'avais été qu'un ignorant nous aurions eu de la charité pour toi ; mais tu as été un satirique insolent, nous t'avons puni.

A MESSIEURS LES SIX JUIFS,

Voilà, Messieurs, ce que Mr. Damilaville l'un des plus savants hommes de ce siècle écrivait à frère Nonotte. Je suis bien loin de prendre avec vous une telle liberté : vous n'êtes point de ceux qui vivent de messes & de libelles. Votre nation a commis autrefois de grandes atrocités, comme toutes les autres ; ce n'est point à moi d'appesantir aujourd'hui le joug que vous portez. Si du tems de Tibère quelques pharisiens en qualité de races de vipères, se rendirent coupables d'un crime inexprimable dont ils ne connaissaient pas les conséquences, *nesciunt quid faciunt*, je ne dois point vous haïr, je dois dire seulement *felix culpa!* je vous répete ce que mon ami, qui aimait à répéter, a dit tant de fois ; le monde entier n'est qu'une famille, les hommes sont frères ; les frères se querellent quelquefois ; mais les bons cœurs reviennent aisément. Je suis prêt à vous embrasser, vous & Mr. le Secrétaire dont j'estime la science, le style, & la circonspection dans plus d'un endroit scabreux.

J'ai l'honneur d'être sans la moindre rancune, & très-chrétiennement,

Messieurs,

Votre très-humble & très-obéissant serviteur,

LA ROUPILIERE

A Perpignan 15 Sept. 1776.

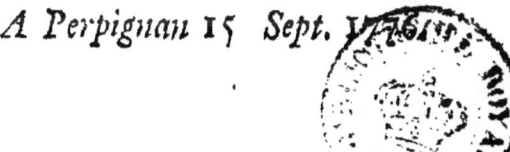

www.ingramcontent.com/pod-product-compliance
Lightning Source LLC
Chambersburg PA
CBHW071532160426
43196CB00010B/1748